essentials

essentials liefern aktuelles Wissen in konzentrierter Form. Die Essenz dessen, worauf es als „State-of-the-Art" in der gegenwärtigen Fachdiskussion oder in der Praxis ankommt. *essentials* informieren schnell, unkompliziert und verständlich

- als Einführung in ein aktuelles Thema aus Ihrem Fachgebiet
- als Einstieg in ein für Sie noch unbekanntes Themenfeld
- als Einblick, um zum Thema mitreden zu können

Die Bücher in elektronischer und gedruckter Form bringen das Expertenwissen von Springer-Fachautoren kompakt zur Darstellung. Sie sind besonders für die Nutzung als eBook auf Tablet-PCs, eBook-Readern und Smartphones geeignet. *essentials:* Wissensbausteine aus den Wirtschafts-, Sozial- und Geisteswissenschaften, aus Technik und Naturwissenschaften sowie aus Medizin, Psychologie und Gesundheitsberufen. Von renommierten Autoren aller Springer-Verlagsmarken.

Weitere Bände in der Reihe http://www.springer.com/series/13088

Christa Kolodej

Psychologische Selbsthilfe bei Mobbing

Zuversicht, Vertrauen, Veränderung

 Springer

Christa Kolodej
Wien, Österreich

ISSN 2197-6708   ISSN 2197-6716   (electronic)
essentials
ISBN 978-3-658-19940-1   ISBN 978-3-658-19941-8   (eBook)
https://doi.org/10.1007/978-3-658-19941-8

Die Deutsche Nationalbibliothek verzeichnet diese Publikation in der Deutschen Nationalbiblio-
grafie; detaillierte bibliografische Daten sind im Internet über http://dnb.d-nb.de abrufbar.

Gedruckt auf säurefreiem und chlorfrei gebleichtem Papier

Springer ist Teil von Springer Nature
Die eingetragene Gesellschaft ist Springer Fachmedien Wiesbaden GmbH
Die Anschrift der Gesellschaft ist: Abraham-Lincoln-Str. 46, 65189 Wiesbaden, Germany

Was Sie in diesem *essential* finden können

- Was Mobbing ist und welche Formen es gibt
- Welche Folgen Mobbing hat
- Wie sie sich selbst testen können
- Welche gesundheitlichen Aspekte bei Mobbing besonders wichtig sind
- Wie sie sich trotz Mobbing entspannen können
- Wie sie sich selbst stärken können
- Wie sie sich selbst entlasten können
- Wie sie besser loslassen können
- Wie sie sich eine positive Grundeinstellung erhalten können
- Wie sie schwierige Themen angemessen vermitteln können
- Welche strategischen Schritte bei Mobbing wichtig sind
- Wie sie eigenes belastendes Verhalten und innere Haltungen verändern können
- Wie sie sich die Perspektive Anderer veranschaulichen können
- Wie sie nachhaltige Entscheidungen treffen können

Mitten im Winter habe ich erfahren,
dass es in mir einen unbesiegbaren
Sommer gibt.

Albert Camus

Einleitung

Mobbing: Für die Betroffenen bedeutet dies, ein Trauma bewältigen zu müssen, einen tiefen Schock erlitten oder auch einen innerlichen Bruch erlebt zu haben. Sie leiden unter gravierenden psychischen Beschwerden, die von Konzentrationsproblemen bis zu Depressionen reichen. Mobbingerlebnisse haben bei lang anhaltender Dauer eine dermaßen traumatisierende Wirkung, dass sie mit normalen psychischen Kräften nicht mehr bewältigt werden können. Die Folge ist das Auftreten schwerwiegender physischer Folgeerscheinungen, die von Kopf- und Magenschmerzen bis zu Herz- und Kreislaufproblemen reichen können. Die Behandlung so entstandener Krankheitssymptome verursacht jährlich enorme medizinische Kosten. Zudem entstehen Kosten für die Betriebe durch die Verschlechterung des Betriebsergebnisses, vermehrte Krankenstände, Motivations- und Leistungsabbau sowie Fluktuation und Neueinstellungen aufgrund von Kündigungen.

Dem gezielten Psychoterror am Arbeitsplatz auf Einzelne oder Gruppen geht eine lang eskalierende Konfliktdynamik voraus. Eskaliert ein Konflikt, führt dies zu enorm destruktiven Mechanismen in der Organisation, in dessen Sog alle Ressourcen, Kräfte- und Fähigkeitspotenziale vereinnahmt werden. Die Mobbingdynamik bindet alle Aufmerksamkeit. Die MitarbeiterInnen tendieren immer mehr zu polarisierenden Pro- und Kontrahaltungen, und alle Aktivitäten werden unter dem Gesichtspunkt einer Gegnerschaft gesehen. Niemand will seinen lange mit allen Mitteln verteidigten Standpunkt aufgeben, hinter die Fassaden des eigenen Tuns, des eigenen Beteiligtseins blicken. Es wird an einem unhinterfragten Standpunkt festgehalten, der in Opfer- und Täterschemata kategorisiert (vgl. Kolodej 2005). Die Dynamik der Eskalation bezieht sich zum einen auf den Bereich der Mobbinghandlungen. Diese können im Verlauf des Prozesses immer massiver und bedrohlicher werden. Es handelt sich um Beeinträchtigungen der Kommunikation, der sozialen Beziehungen, des sozialen Ansehens und der

Arbeitssituation. Darüber hinaus kann es zu physischen Gewalthandlungen und sexueller Belästigung kommen.

Eine besondere Bedeutung kommt bei der Entstehung eines Mobbingprozesses der Unternehmenskultur, dem damit verbundenen Führungsstil und der Personalpolitik zu. In Bezug auf die Prävention von Mobbing ist die Positionierung der Führung entscheidend. Mobbing kann letztendlich als Führungsthema angesehen werden. Bedeutungsvoll ist die persönliche Positionierung der Führungsperson, indem diese durch entsprechende Interventionen, wie z. B. das Einnehmen von Vermittlungs- und Schlichtungspositionen, einen maßgeblichen Einfluss auf den Verlauf von Konfliktentwicklungen hat. Wesentlich ist darüber hinaus, dass der Ausbreitung von Mobbing klare Grenzen und Sanktionen seitens des Unternehmens gesetzt werden. Zudem spielt die Etablierung von Betriebsregeln und eine entsprechende Konfliktkultur eine enorme mobbingpräventive Rolle. Relevant sind die im Betrieb bestehenden Normen und Werte, die es erlauben – oder eben nicht –, sich Mobbinghandlungen zu bedienen (vgl. Kolodej 2012).

Mobbinghandlungen nehmen den Betroffenen meist jeglichen Handlungsspielraum. Verstärkend wirkt sich hierbei die Tendenz aus, dass Mobbingstrategien häufig auf die soziale und arbeitsbezogene Isolierung der Betroffenen abzielen. Mobbingprozesse beeinträchtigen die Lebensqualität der Betroffenen maßgeblich und können schwerwiegende psychische und physische Folgen haben. Das vorliegende Buch setzt hier an und stellt anhand von zehn Bereichen Ideen, Übungen und Reflexionen vor, die dem Erhalt der psychischen und physischen Gesundheit dienen. Hierbei geht es u. a. um den Erhalt der Gesundheit und positiver mentaler Einstellungen, der Möglichkeit, sich zu entspannen, oder darum, erlebte Belastungen angemessen abzuschließen, um sich neu und unbelastet der eigenen Zukunft widmen zu können.

Inhaltsverzeichnis

Über die Autorin

Prof. Dr. Dr. Christa Kolodej, MA ist Psychologin und Soziologin und u. a. ausgebildete akademische Mediatorin (ZivMediatG) und Systemische Therapeutin (SySt).

Kolodej ist Pionierin der österreichischen Mobbingforschung und leitet seit 20 Jahren das Zentrum für Konflikt- und Mobbingberatung sowie den Lehrgang Konflikt- und Mobbingberatung in Wien. Sie ist Fachbuchautorin zum Thema Mobbing und hat 25 Jahre Berufserfahrung im Bereich Konfliktmanagement, Mediation und Consulting.

Sie ist Gastprofessorin an der Karl-Franzens-Universität Graz, Psychologisches Institut und Adjunct Lecturer an der University of Nicosia.

www.kolodej.at; office@kolodej.at

Was ist Mobbing und welche Formen gibt es?

1

Der Begriff Mobbing wurde in seiner heutigen Bedeutung durch den Arbeits-psychologen und Betriebswirt Heinz Leymann geprägt. Er definierte Mobbing als systematische Schikane am Arbeitsplatz. Von Mobbing wird im vorliegenden Buch gesprochen, wenn systematische Schikanen am Arbeitsplatz bestehen, die zu zunehmender Isolierung unter der Voraussetzung eines Machtungleichgewich-tes bei den Betroffenen führen (vgl. Kolodej 2008). Mobbing führt zu einem star-ken Ungleichgewicht zwischen den Beteiligten. Dieses Ungleichgewicht kann die Anzahl der Personen oder aber ihre Machtbefugnisse betreffen. Das Machtgefälle kann in den Funktionen der Beteiligten begründet sein, indem z. B. ein Vorge-setzter seinen Untergebenen gezielt schikaniert. Es kann jedoch auch eine kleine Gruppe von Personen einer größeren Gruppe gegenüberstehen.

Im Rahmen der Auseinandersetzung mit Mobbing haben sich dementspre-chend unterschiedliche Begriffe, die das Machtgefälle zwischen den Beteiligten berücksichtigen, entwickelt. Mobbing wird sowohl als Überbegriff für die sys-tematische Schikane am Arbeitsplatz verwendet als auch für die spezielle The-matik der Schikanen unter hierarchisch gleichgestellten KollegInnen. Der Begriff „Bossing" hat sich für die Schikane von einem Vorgesetzten zu seinem/n Unter-gebenen etabliert. „Staffing" definiert Schikanen von mehreren Untergebenen zu einem Vorgesetzten (vgl. Kolodej 2008). „Bullying" ist im deutschsprachigen Raum für Mobbing im Schulbereich gebräuchlich. Zudem haben sich in den letz-ten Jahren die Begriffe Cyber-Mobbing und Cyber-Bullying durchgesetzt, die für die Schikane am Arbeitsplatz und in der Schule mittels der neuen Medien stehen.

© Springer Fachmedien Wiesbaden GmbH 2018
C. Kolodej, *Psychologische Selbsthilfe bei Mobbing,* essentials,
https://doi.org/10.1007/978-3-658-19941-8_1

Was ist der „Fast and Frugal Tree"-Fragebogen für Mobbing?

2

Der „Fast and Frugal Tree"-Fragebogen für Mobbing (FFTM) erlaubt es, mittels drei Fragen die Mobbingbetroffenheit zu erheben. „Dieses Instrument wurde entwickelt, um ein schnelles und einfach durchführbares Screening zu ermöglichen. Mithilfe des FFTM sollten so Betroffene frühzeitig identifiziert werden, sodass eine adäquate Intervention initiiert werden kann und die negativen Konsequenzen für die Betroffenen und das Unternehmen so gering wie möglich gehalten werden können" (Kolodej et al. 2017). Das Prinzip des Schnelltests funktioniert gemäß eines Entscheidungsdiagramms. Die drei Fragen werden hintereinander gestellt, wenn alle drei Fragen aufeinanderfolgend mit „Ja" beantwortet werden, liegt der Verdacht nahe, dass Mobbing besteht. Falls nicht alle Fragen mit „Ja" beantwortet werden, handelt es sich nicht um Mobbing. Es besteht dann entweder kein Konflikt oder eine andere Konfliktform (z. B. Diskriminierung, Gewalt, sexuelle Belästigung usw.).

Der „Fast and Frugal Tree"-Fragebogen für Mobbing (FFTM) gibt vor der Testung eine beispielhafte Beschreibung von Mobbingverhaltensweisen vor. Unter systematischen Schikanen werden hierbei vielfältige Handlungen subsumiert, die gezielt Menschen ins Abseits stellen und nicht mehr auf eine konstruktive Konfliktaustragung fokussieren. So kann die Möglichkeit sich mitzuteilen massiv eingeschränkt sein, z. B. durch ständige unberechtigte Kritik, Unterbrechungen, Beschimpfungen oder Drohungen. Die Betroffenen können gezielt sozial isoliert werden, indem z. B. nicht mehr mit ihnen gesprochen wird, sie wie Luft behandelt oder räumlich isoliert werden. Schikanen können auf das soziale Ansehen abzielen, indem über die Betroffenen z. B. Gerüchte verbreitet, sie öffentlich lächerlich gemacht werden oder sie Verleumdungen ausgesetzt sind. Schikanen können zudem die Berufs- und Lebenssituation beeinflussen indem die Betroffenen z. B. gezielt über- bzw. unterfordert, ihnen bewusst kränkende oder sinnlose Aufgaben zugeteilt oder Informationen bewusst vorenthalten werden. Des Weiteren kann es zur Beeinträchtigung der Gesundheit kommen, z. B. durch

© Springer Fachmedien Wiesbaden GmbH 2018
C. Kolodej, *Psychologische Selbsthilfe bei Mobbing,* essentials,
https://doi.org/10.1007/978-3-658-19941-8_2

Gewaltandrohungen oder Gewalt, Zuweisung gesundheitsschädigender Arbeiten oder sexuelle Belästigung.

Eine Studie zum entwickelten Test zeigte trotz seiner Kürze sehr gute Validitäten. Die beobachteten Antwortmuster sprechen für eine sehr hohe Ökonomie und in weiterer Folge für einen hohen praktischen Nutzen. „Der FFTM (Kolodej 2016) stellte sich als valides Screening-Instrument heraus. Mit nur ein bis drei Fragen schafft er es, Mobbing sehr gut zu diskriminieren und sogar bessere Validitäten als der LIPT-Fragebogen (Leymann 1996) zu erreichen. Bei über 80 % der nicht von Mobbing betroffenen Personen entschied sich der FFTM, hätte man die Exit-Bedingungen bei dieser Untersuchung bereits eingesetzt, schon nach einem Item. Diese außerordentlich hohe Ökonomie des Testverfahrens, gepaart mit den sehr guten Validitäten, versprechen einen hohen praktischen Nutzen. Zudem ist der FFTM so einfach in der Anwendung, dass ihn jeder auch ohne diagnostische Vorerfahrung handhaben kann. Fehler in der Auswertung sind praktisch ausgeschlossen" (Niederkofler 2016, S. 112).

Bin ich selbst von Mobbing betroffen?　　3

Der nun folgende Fragebogen besteht aus drei Fragen, die sich auf Ihre Arbeitssituation beziehen. Konflikte aus Ihrem Privatleben sollten Sie dabei nicht mit-
einbeziehen. Bitte beantworten Sie die Fragen mit „Ja" oder „Nein". Kreuzen Sie
dazu einfach das entsprechende Kästchen an. Lassen Sie dabei bitte keine Frage
unbeantwortet.

Beispiel

	Ja	Nein
Ich bin wiederholt schikanösen Handlungen ausgesetzt		X

Wenn Sie „Nein" ankreuzen bedeutet dies, dass Sie bei der Arbeit keinen
wiederholten schikanösen Handlungen ausgesetzt sind.

**Unter systematischen Schikanen werden vielfältige Handlungen subsumiert,
die**

- gezielt Menschen ins Abseits stellen und die Möglichkeit sich mitzuteilen
  einschränken, z. B. durch ständige unberechtigte Kritik und Unterbrechungen
- die Betroffenen gezielt sozial isolieren, indem z. B. nicht mehr mit ihnen
  gesprochen wird, sie wie Luft behandelt oder räumlich isoliert werden
- auf das soziale Ansehen abzielen, indem über die Betroffenen z. B.
  Gerüchte verbreitet oder sie öffentlich lächerlich gemacht werden
- die Berufs- und die Lebenssituation beeinflussen, indem die Betroffenen
  z. B. gezielt über- bzw. unterfordert oder ihnen Informationen bewusst
  vorenthalten werden

© Springer Fachmedien Wiesbaden GmbH 2018
C. Kolodej, *Psychologische Selbsthilfe bei Mobbing,* essentials,
https://doi.org/10.1007/978-3-658-19941-8_3

- zur Beeinträchtigung der Gesundheit beitragen können, z. B. durch Gewaltandrohungen oder Gewalt oder Zuweisung gesundheitsschädigender Arbeiten

Lesen Sie sich nun mögliche Mobbinghandlungen durch und wählen Sie diejenige Antwortalternative, die für Sie am ehesten zutrifft.

Mobbing-Schnelltest (Christa Kolodej)

	Ja	Nein
Ich bin wiederholt schikanösen Handlungen ausgesetzt		
Die schikanösen Handlungen sind systematisch gegen mich gerichtet		
Die schikanösen Handlungen haben das Ziel, mich zu isolieren		

Wenn sie alle Fragen mit „Ja" beantwortet haben, liegt der Verdacht nahe, dass Mobbing besteht. Falls nicht alle Fragen mit „Ja" beantwortet wurden, besteht entweder kein Konflikt oder eine andere Konfliktform (z. B. Diskriminierung, Gewalt, sexuelle Belästigung usw.).

Folgen von Mobbing

4

Mobbingprozesse beeinträchtigen die Lebensqualität der Betroffenen maßgeblich und wirken sich auf die unterschiedlichen Lebensbereiche aus. Das psychische und physische Wohl wird in Mitleidenschaft gezogen. Im Mobbing Report zeigte sich, dass 86,6 % der Betroffenen physisch und/oder psychisch auf Mobbing reagierten. Von kurzfristiger Krankheit waren 36,6 % betroffen, längerfristig erkrankte ca. jeder/r Dritte. Davon über die Hälfte bis zu fünf Monate, ca. jede/r Fünfte über ein Jahr (vgl. Meschkutat et al. 2005). In zahlreichen Studien konnte darüber hinaus ein erhöhtes Ausmaß an psychischen und physischen Beschwerden nachgewiesen werden (vgl. Burtscher und Pusnik 2003; Meschkutat et al. 2005; Kolodej 2005; Verkuil et al. 2015; Einarsen und Nielsen 2015). Betroffene von Mobbing leiden unter gravierenden Beschwerden, die von Konzentrationsproblemen bis zu Depressionen und Selbstmordgedanken reichen. Mobbingerlebnisse haben bei lang anhaltender Dauer eine dermaßen traumatisierende Wirkung, dass sie mit normalen psychischen Kräften nicht mehr bewältigt werden können. Die Folge ist das Auftreten schwerwiegender physischer Folgeerscheinungen, die von Kopf- und Magenschmerzen, Übelkeit, Schweißausbrüchen, Ein- und Durchschlafstörungen bis zu Herz- und Kreislaufproblemen reichen können. Die Behandlung so entstandener Krankheitssymptome verursacht jährlich enorme medizinische Kosten (vgl. Kolodej 2005). Zudem entstehen Kosten für die Betriebe durch die Verschlechterung des Betriebsergebnisses, vermehrte Krankenstände, Motivations- und Leistungsabbau sowie Fluktuation und Neueinstellungen aufgrund von Kündigungen. Es zeigt sich, dass die Auswirkungen sowohl für das Individuum als auch für den Betrieb beträchtlich sind.

© Springer Fachmedien Wiesbaden GmbH 2018
C. Kolodej, *Psychologische Selbsthilfe bei Mobbing,* essentials,
https://doi.org/10.1007/978-3-658-19941-8_4

Tipps gegen Mobbing für Betroffene (Christa Kolodej)

- Schreiten Sie rechtzeitig ein, wenn sich ein Konflikt entwickelt. Warten Sie nicht zu lange ab und versuchen Sie, ein klärendes Gespräch zu führen.
- Bevor Sie in Mobbing eingreifen, sollten Sie versuchen, es zu begreifen. Analysieren Sie die Situation. Bei Mobbing ist ein strategisches Vorgehen unabdingbar!
- Suchen Sie nach Strategien des Machtausgleichs. Das kann z. B. das Einbeziehen Dritter sein, ein Gespräch mit den Vorgesetzten, ein Mobbinggutachten, das Vorlegen von Ausschnitten aus dem Mobbingtagebuch.
- Suchen Sie BündnispartnerInnen und pflegen Sie Ihr soziales Netz.
- Nehmen Sie Hilfe in Anspruch (FreundInnen, Betriebsrat, ÄrztInnen, PsychologInnen usw.).
- Klären Sie für sich, ob sich ein Kampf für sie lohnt. Wenn nicht, suchen Sie nach neuen beruflichen Perspektiven.
- Tun Sie alles, was in Ihrer Macht steht, um nicht in die Isolation zu geraten. Nehmen Sie bei Ihren ArbeitskollegInnen die unterschiedliche Konfliktbeteiligung wahr.
- Fordern Sie die Fürsorgepflicht bei Ihren Vorgesetzten ein und belassen Sie es nicht bei einem einmaligen Gespräch, sondern vereinbaren Sie einen Folgetermin. Verdeutlichen Sie, dass Mobbing auch der Firma schadet.
- Beziehen Sie ZeugInnen bei schwierigen Gesprächen mit ein (z. B. Betriebsrat).
- Verhindern Sie, dass Sie sich selbst durch Kurzschlussreaktionen, wie z. B. die Unterzeichnung einer voreiligen Kündigung, schaden.
- Führen Sie ein handschriftliches Mobbingtagebuch. Schreiben Sie Vorkommnisse, Uhrzeit, Datum, Beteiligte sowie Beweise genau auf.
- Bei Cybermobbing kontaktieren Sie die Betreiber, um Beiträge zu löschen. Warten Sie nicht ab, blockieren Sie die AngreiferInnen. Sichern Sie Dokumente, antworten Sie nicht auf Angriffe oder schalten Sie bei gravierenden Vorfällen die Polizei ein.
- Stärken Sie Ihre Eigenkompetenzen! Mobbing zielt darauf ab, Sie infrage zu stellen. Was stärkt, ist gut!
- Achten Sie verstärkt auf Ihre Gesundheit und sorgen Sie für Erholung und Entspannung.
- Denken Sie darüber nach, ob es einen eigenen Anteil am Geschehen gibt.
- Klären Sie rechtliche Schritte ab.

Psychologische Selbsthilfe bei Mobbing 5

Mobbingprozesse können aufgrund der langen Dauer und des enormen Drucks, der auf den Betroffenen lastet, Auswirkungen auf die psychische und physische Konstitution haben. Umso wichtiger ist es, präventiv auf den Erhalt der psychischen und physischen Gesundheit zu achten. Zudem verlieren Menschen aufgrund des Mobbings meist auch die Lust und Motivation, ihren gewohnten Regenerationsmechanismen nachzugehen. Dies kann zu einem destruktiven Kreislauf der Schwächung führen. Nachfolgend werden Übungen beschrieben, die für den Erhalt der psychischen Gesundheit hilfreich sein können. Die Übungen entstammen unterschiedlichen psychologischen und therapeutischen Richtungen und stellen selbstverständlich nur eine minimale Auswahlmöglichkeit dar. Nicht jede Übung passt zu jedem Anliegen und zu jeder Person. Natürlich ersetzen diese Übungen keine psychologische Behandlung oder Therapie.

5.1   Wie erhalte ich meine Gesundheit?

In der Mehrzahl der einschlägigen Forschungen wird Mobbing als krankmachender Stressor mit schwerwiegenden psychischen und physischen Folgen beschrieben (vgl. Meschkutat et al. 2005; Hansen et al. 2006; Verkuil et al. 2015). Psychische und physische Beschwerden treten sehr häufig schon im frühen Stadium eines Mobbingprozesses auf. Bereits nach wenigen Tagen, in denen die Betroffenen unterschiedlichen Handlungen ausgesetzt sind, kommt es zu Stresssymptomen wie Magen- und Darmbeschwerden, Kopfschmerzen bis hin zu Schlafstörungen und leichter Niedergeschlagenheit (vgl. Kolodej 2008). Dementsprechend ist es wichtig, dass betroffene Personen verstärkt auf ihre psychische und physische Gesundheit achten und für Entspannung und Erholung sorgen.

© Springer Fachmedien Wiesbaden GmbH 2018
C. Kolodej, *Psychologische Selbsthilfe bei Mobbing,* essentials,
https://doi.org/10.1007/978-3-658-19941-8_5

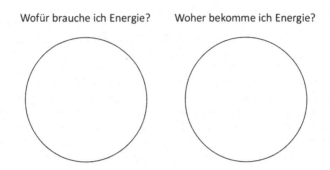

Abb. 5.1 Energiekuchen. (Eigene Darstellung)

Um die allgemeine Lebenssituation mit ihren Be- und Entlastungen zu analysieren, kann es hilfreich sein, ein persönliches Energiediagramm zu zeichnen.
Das Diagramm (auch Kuchendiagramm genannt) ermöglicht es, die unterschiedlichen Verteilungen in der Gesamtheit der Lebensgestaltung darzustellen, und es
stellt eine gute Reflexionsbasis dar. Es können jeweils zwei Diagramme gezeich-
net werden, eines für jene Aspekte, durch die Energie gewonnen wird, und eines
für die Bereiche, durch die Energie verbraucht wird. Indem Sie größere oder klei-
nere „Tortenstücke" einzeichnen, erhalten Sie Ihre persönliche Energiebilanz (s.
Abb. 5.1).

Übung: Reflexion des persönlichen Energiehaushaltes (Christa Kolodej)
Nachdem das Kuchendiagramm ausgefüllt wurde, können folgende Fragen bei
der Reflexion helfen.

1. Bin ich mit meiner Verteilung zufrieden?
2. Gibt es Bereiche, für die ich Energie verbrauche, aber keine bekomme?
3. Gibt es Bereiche, für die ich Energie bekomme, aber keine verbrauche?
4. Wie hat die Verteilung vor dem Mobbing ausgesehen? Hat sich durch das
   Mobbing etwas verändert? Wenn ja, was?
5. Welche Verteilung hätte ich lieber?
6. Was kann ich selbst zu einer Veränderung beitragen?
7. Wo können mir andere helfen, eine Veränderung herbeizuführen?
8. Was wäre der erste kleine, aber bedeutende Schritt in Richtung Veränderung, den ich selber machen könnte?
9. Welchen Unterschied würde der veränderte Energiekuchen in meinem
   Leben machen?

Besonderes Augenmerk sollte bei Mobbing auf die psychische Stabilität gelegt werden. Die Einschätzung der psychischen Stabilität kann mithilfe der „fünf Säulen der Identität" nach Petzold durchgeführt werden. Petzold schließt an Luhmann an, der sich gegen ein Begreifen von Systemen allein aus ihrer Innenorientierung heraus wendet, weil „Identität durch die Stabilisierung einer Innen/Außen-Differenz in einer komplexen und veränderlichen Umwelt gewonnen wird" (Luhmann 1968, S. 172). Petzold fügt dem Konzept eine Binnenstruktur hinzu, die er in den „fünf Säulen der Identität" beschreibt (vgl. Rahm 1996; Petzold 2004; Kolodej 2008). „Identität wird (…) aus dem Zusammenwirken von Binnenstruktur und Umweltreaktionen gewonnen. Das Umfeld ist konstitutives Element in der persönlichen Wirklichkeit, aber es ist nicht seine einzige Determinante" (Kolodej 2008, S. 116; Petzold 2004). Identität ist also keine feststehende Kategorie, sondern als Prozess anzusehen, der nie als abgeschlossen bezeichnet werden kann. Diese Identitätskonzeption wird auch von Krappmann geteilt. Identität ist in diesem Sinne nicht mit einem starren Selbstbild, das das Individuum für sich selbst entworfen hat, zu verwechseln; vielmehr stellt sie eine immer wieder neue Verknüpfung früherer und anderer Interaktionsbeteiligungen des Individuums mit den Erwartungen und Bedürfnissen, die in der aktuellen Situation auftreten, dar (Krappmann 2005). Dementsprechend sieht Krappmann in der Identität ein soziales Gut, um welches sich das Individuum stets aufs Neue bemühen muss. Dieses Konzept der Identität lässt auch die teils bestehende Verringerung des Selbstwertgefühls und Depressionen (vgl. Falle 2016) bei von Mobbing betroffenen Menschen verstehen, da eine ständige Infragestellung der Person zu Selbstzweifeln führen kann.

Es gibt fünf Säulen, die nach Petzold die Identität beschreiben. Der erste Aspekt ist die **„Leiblichkeit und das Körperwohlbefinden"**. Die Leiblichkeitssäule umfasst u. a. eine gute Gesundheit, die sowohl die psychische als auch das physische Wohlbefinden inkludiert. Sich „in seiner Haut wohlfühlen", in „seinem Körper zu Hause sein", das sind Qualitäten, die die Leiblichkeitssäule der Identität kennzeichnen (Petzold 2004).

Die nächste Säule beschreibt den Aspekt der **„Beziehungen und das soziale Netz"**. Soziale Netzwerke, die Familie, der Freundeskreis, die KollegInnen sind gleichfalls ein zentrales Identitätsmoment. In diesem Bereich geht es darum, welche sozialen Beziehungen bestehen und ob diese als befriedigend erlebt werden, ob es verlässliche Freundschaften, Unterstützung und Halt oder belastende Personen im sozialen Netz gibt.

Als weiterer Bereich wird die **„Arbeit und Leistung"** genannt. Hier orientieren sich die Fragen z. B. an der beruflichen Situation, den Berufsperspektiven,

dem Verhältnis zwischen Arbeit und Freizeit, Anerkennung, Konkurrenz, Doppel-
belastungen, Erholungszeiten, Stress und Dauerbelastungen durch Konflikte und
Mobbing.

Ein weiterer wichtiger Bereich ist die Frage nach der **„materiellen Situation".** Fragen nach der finanziellen Absicherung, Belastungen, der Wohnsituation
können hier von Relevanz sein. „Materielle Sicherheiten (Geld, Wohnung, Klei-
dung) sind wesentlich, denn wenn sie wegfallen, rüttelt das massiv an der Identität" (Petzold 2004, S. 53).

Der letzte Bereich, der für die menschliche Identität und den Selbstwert von
Bedeutung ist, ist der Bereich der **„Normen und Werte".** Menschen beziehen
aus ihren Werten Sinn und Kraft und ihre Zugehörigkeit zu Wertegemeinschaf-
ten (Kirchen- und Glaubensgemeinschaften, politische Organisationen, Frauenor-
ganisationen, humanitäre oder ökologische Vereinigungen). Diese sind wichtige,
identitätsbestimmende Quellen. Werte werden „verkörpert", führen zu einer „Haltung", die sich im Verhalten zeigt" (vgl. Petzold 2004). Im Bereich der Normen
und Werte geht es darum, ob die für wichtig befundenen sozialen, politischen
oder religiösen Werte von der Umgebung geachtet werden oder ob die Person
Diskriminierungen ausgesetzt ist. Aber auch die Frage nach dem individuellen
Umgang mit Normen und Werten kann wichtig sein.

Durch die unterschiedliche Ausprägung der genannten Bereiche wird ersicht-
lich, wo es zu Störungen und Brüchen gekommen ist und wo Unterstützung notwendig ist, aber auch, wo es stabile Lebensbereiche und Ressourcen gibt, die Halt
bieten.

Wenn man sich diese Säulen in Bezug auf einen klassischen Mobbingverlauf
ansieht, der meist mit psychischen und physischen Folgen seitens der Betroffenen einhergeht, bei dem diese um ihre Existenz fürchten müssen, immer mehr
aus dem sozialen Leben ausgeschlossen werden und zudem Schikanen ausgesetzt
sind, die sie an der Welt zweifeln lassen, dann ist schnell nachvollziehbar, warum
Mobbing derartig schwere Folgen für den Selbstwert hat.

Übung: Meine Säulen der Identität

Bitte malen Sie die Säulen so weit aus, wie es Ihrer aktuellen Situation entspricht. Hierbei stellt die Zahl 10 eine optimale Ausprägung der Säule dar (s.
Abb. 5.2).

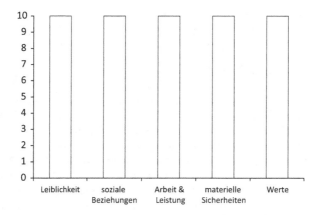

Abb. 5.2 Säulen der Identität. (Eigene Darstellung)

Übung: Reflexion über meine Säulen der Identität (Christa Kolodej)
1. Welche Säulen sind bei mir am höchsten?
2. Was genau ist mir bei diesen Säulen eine Hilfe? Welche Ressourcen kann ich identifizieren?
3. Welche Säulen sind im Verhältnis dazu niedriger ausgeprägt?
4. Was kann ich dazu beitragen, diese Säulen zu erhöhen?
5. Wer kann mich dabei unterstützen?
6. Ist eine externe Hilfe durch ÄrztInnen, PsychologInnen usw. eventuell hilfreich?

In Bezug auf die Gesundheit spielt die soziale Unterstützung eine wichtige Rolle. Gute Beziehungen können als „private Sozialversicherung" in Krisenzeiten angesehen werden. „Der soziale Rückhalt, den Menschen in belastenden Lebenssituationen in Anspruch nehmen können, gilt seit Langem als eine der wichtigsten Vorbedingungen für die Aufrechterhaltung von Wohlbefinden und Gesundheit" (Klauer 2009, S. 80; vgl. Obzay et al. 2007). Die soziale Unterstützung spielt eine bedeutende Rolle bei der Prävention psychischer Störungen und körperlicher Erkrankungen. Sie hat einen förderlichen Einfluss auf den Erhalt der Gesundheit oder ihre Wiederherstellung. Soziale Beziehungen gelten zudem als wichtige Bewältigungsressourcen bei Belastungen und Erkrankungen (vgl. Fydrich et al. 2009). Bei geringer soziale Unterstützung kann es hilfreich sein, speziell in schwierigen Lebenssituationen wie z. B. Mobbing, psychologische oder therapeutische Begleitung in Anspruch zu nehmen. Aber auch bei guten sozialen

Kontakten kann eine psychologische oder therapeutische Begleitung eine ent-
lastende Funktion für Familie und FreundInnen haben und neue Perspektiven im
Umgang mit Mobbing aufzeigen.

Gezeigt hat sich auch, dass die Freizeitgestaltung bei der Erhaltung der
Gesundheit in Krisenzeiten eine besondere Rolle spielt. Gerade bei Mobbingprozessen ist der Erhalt von Lebensbereichen, in denen sich die Betroffenen als aktiv
handelnd erleben können, von elementarer Bedeutung, weil in der Mobbingsituation selbst zumeist das Gefühl von individuellen Handlungs- und Veränderungs-
möglichkeiten für die Betroffenen eingeschränkt ist. Leider tendieren Menschen
im Stress aufgrund der Belastung dazu, ihre normalen Regenerationsmöglichkeiten aufzugeben. Sie sind manchmal ob der großen beruflichen Belastungen
nicht mehr motiviert, in den Verein zu gehen, ihren üblichen Sport zu betreiben
oder sich mit FreundInnen zu treffen. Das individuelle Gegenwehrpotenzial kann
hierdurch zusätzlich geschwächt werden. Das Weiterführen von Hobbys und
außerbetrieblichen Aktivitäten kann die Betroffenen ermutigen, Lösungen im
Mobbingprozess zu suchen. So können schon verloren geglaubte Eigenkompetenzen wieder bewusst im bedrohungsfreien Raum erlebt werden. Gerade für die
Gesunderhaltung der Betroffenen sind Tätigkeiten mit kompensatorischem Cha-
rakter, die eine ausschließliche Fixierung auf den Beruf verhindern, von enormer
Bedeutung. Bekräftigt wird diese Aussage durch die Untersuchungen von Emmy
Werner (vgl. Werner und Beilin 1959; Werner und Smith 1977). Schon in einer
ihrer ersten Untersuchungen, eine Längsschnittuntersuchung, ging sie der Frage
nach, welche Mechanismen und Verhaltensweisen in extremen Krisen dazu führen, dass diese von den Betroffenen unbeschadet bewältigt werden können. Im
Zeitrahmen von 30 Jahren wurden 689 Kinder in kontinuierlichen Abständen auf
der Hawaii-Insel Kauai hierzu befragt. Untersucht wurde, wieso einige von ihnen
trotz widrigster Sozialisationsbedingungen, wie z. B. Alkoholabhängigkeit oder
schwere psychische Erkrankungen und daraus resultierende lang dauernde sta-
tionäre Klinikaufenthalte der Eltern, „eine gesunde Persönlichkeit entwickelten,
zielgerichtet ihren beruflichen Weg machten und stabile zwischenmenschliche
Beziehungen eingingen: Wir wollten herausbekommen, was die Widerstandskraft
gerade dieser Kinder gestärkt hat" (Werner 1989, S. 118). Aus ihren Untersuchungen hat sich u. a. ein heute viel beachteter psychologischer Forschungszweig
entwickelt, die Resilienzforschung. Resilienz ist nach Werner's Defintion das
Endprodukt eines Prozesses, der Risiken und Stress nicht eliminiert, der es den
Menschen aber ermöglicht, damit effektiv umzugehen (2005). Resilienz, oder die
psychische Widerstandsfähigkeit, beschreibt so die Fähigkeit, Krisen (gesund) zu
bewältigen. Es lassen sich zwölf Faktoren feststellen, die Resilienz im Arbeitskontext abbilden (Kolodej et al. 2013).

Die 12 Resilienzfaktoren (Christa Kolodej, Maria Reiter, Wolfgang K. Kallus)

1. **Sinnhaftigkeit**
Resiliente Menschen versuchen, Gefühle, Situationen und Umstände zu verstehen.

2. **Soziale Unterstützung**
Resiliente Menschen suchen die Zugehörigkeit zu einem sozialen Gefüge.

3. **Optimismus**
Resiliente Menschen zeichnen sich durch eine positive Weltsicht und ein positives Selbstkonzept aus.

4. **Vitalität/Regeneration**
Resiliente Menschen achten auf ihre psychische und physische Gesundheit, indem sie sich bewusst ernähren, Sport betreiben und gut entspannen können.

5. **Handlungskompetenz**
Resiliente Menschen zeichnen sich durch ihr logisch-analytisches Denken und Handeln aus.

6. **Verantwortung**
Resiliente Menschen übernehmen Verantwortung, nehmen die eigenen Einflussmöglichkeiten wahr und treffen eigenständig Entscheidungen.

7. **Soziale Kompetenz**
Resiliente Menschen sind weniger leicht erregbar, umgänglich, gesellig sowie kontaktfreudig und gehen offen auf andere zu.

8. **Zukunftsorientierung**
Resiliente Menschen ergreifen von sich aus die Initiative und sind proaktive GestalterInnen ihrer Zukunft.

9. **Akzeptanz**
Resiliente Menschen wissen und akzeptieren diese Tatsache, sie stellen sich Unerwartetem, passen sich Unvorhergesehenem an, akzeptieren Misserfolge und tolerieren aufkommende Schwierigkeiten.

10. **Lösungsorientierung**
Resiliente Menschen versuchen, in Problemsituationen mögliche Lösungen bzw. Auswege aus der schwierigen Situation zu finden. Sie haben ein klares Ziel vor Augen, auf welches sie hinarbeiten.

11. **Selbstregulierung**
Resiliente Menschen haben ihre Handlungen unter Kontrolle und können sich selbst im Hinblick auf unterschiedliche Befindlichkeiten, Umgebungen sowie Situationen angemessen steuern.

12. **Stressverarbeitung**
Resiliente Menschen nutzen angemessen Stressverarbeitungsmöglichkeiten.

Übung: Reflexion über meine Resilienzfaktoren (Christa Kolodej)
1. Welche Resilienzfaktoren sind bei mir besonders gut ausgeprägt?
2. Wie habe ich es geschafft, diese/n Faktor/en so gut zu integrieren?
3. Welche Resilienzfaktoren möchte ich in meinem Leben verstärken? Suchen sie bitte einen Resilienzfaktor aus, den sie verstärken möchten.
4. Was wäre ein kleiner aber bedeutender Schritt, den ich tun könnte, um den ausgewählten Faktor zu verstärken?

Wenngleich der Fokus des vorliegenden Buches auf der Selbsthilfe liegt und somit die individuellen Resilienzfaktoren genannt werden, sei darauf verwiesen, dass es selbstverständlich auch Resilienzfaktoren für die organisationale Ebene (Organisationen) und die kollektive Ebene (Team) gibt (vgl. Kolodej et al. 2013). In Bezug auf die individuelle Ebene kann Resilienz als zuverlässiger Schutzschild gegen Depressivität fungieren (vgl. Leppert und Strauß 2011). Wichtig ist zu betonen, dass das Konzept nicht missbräuchlich gegen MitarbeiterInnen eingesetzt werden darf und Betroffene für strukturell verursachte Probleme verantwortlich gemacht werden. Nachfolgend finden sie eine kurze Übung, wie sie in Resilienztrainings durchgeführt wird, um den individuellen Umgang mit Widrigkeiten zu reflektieren und zu zeigen, dass die Fokussierung auf ein Problem die Wahrnehmung dessen vergrößern kann. Falls sie diese kleine Übung interessant finden, ist es wichtig, diese ressourcenorientiert zu reflektieren, geht es doch bei der Resilienz um die Erkundung ihrer Fähigkeiten, die es ihnen ermöglicht Widerstände bestmöglich zu bewältigen.

Übung: Der Stein im Schuh (Sebastian Mauritz)
Bitte wählen sie einen kleinen Stein und legen sie ihn in der Mittagspause in ihren Schuh oder halten sie ihn die gesamte Zeit über zwischen ihren Fingern, sodass er nicht herausfällt. Während der Übung achten sie bitte auf ihre Gedanken, ihre Wahrnehmung und Veränderungen in ihrem Verhalten.

Reflexion nach der Übung

1. Wie hat sich die Wahrnehmung des Steins in der Zeit der Übung verändert?
2. Gab es Zeiten, wenn diese auch ganz kurz waren, in denen ich den Stein nicht bemerkt habe?
3. Konnte ich den Stein in irgendeiner Form integrieren?
4. Was war sonst noch interessant?
5. Was kann ich für mich aus dieser Übung für meinen Alltag mitnehmen?

Höchst interessant für die Mobbingforschung sind die Ergebnisse, die u. a. darauf hinweisen, dass die Fähigkeit, sich Kompensationsmöglichkeiten außerhalb der problematischen Situation zu schaffen, widrige Umstände ausgleichen kann. Diese Erkenntnis verdeutlicht, wie wichtig es ist, außerbetriebliche Aktivitäten präventiv zu tätigen; auch und gerade, wenn die Motivation dafür niedrig ist. Dies bedeutet jedoch auch, dass das Ausmaß auf den aktuellen psychischen und physischen Gesundheitszustand abgestimmt werden muss.

Übung: Alltäglich Regeneration neu etablieren (Christa Kolodej)
1. Überlegen Sie, ob Sie individuelle Regenerationsmöglichkeiten (z. B. Sport, Treffen mit FreundInnen, Vereinstätigkeiten usw.) in der Zeit des Mobbings oder von anderen Stresssituationen aufgegeben haben.
2. Falls dies nicht der Fall ist, Gratulation! Sie können diese Übung überspringen.
3. Entscheiden Sie das im Moment leichteste Regenerationsverhalten, mit welchem Sie aufgehört haben bzw. welches Sie neu etablieren wollen, in einer sehr geringen Dosis wieder auszuüben.
4. Achten Sie auf die Unterschiede zwischen jenen Tagen, an denen Sie das Regenerationsverhalten ausüben, und jenen, an denen Sie dies nicht tun.

5.2 Wie kann ich mich entspannen?

Die Belastung durch Mobbing kann dazu führen, dass Betroffene Schwierigkeiten haben, sich zu entspannen. Falls die üblichen Regenerationsmechanismen wie z. B. Sport betreiben, freundschaftliche Kontakte pflegen usw. nicht ausreichen, um ein angemessenes Maß der Entspannung zu erzielen, ist es wichtig, sich professioneller Entspannungsmethoden zu bedienen. Mithilfe von Entspannungstechniken werden körperliche und emotionale An- und Verspannungen abgebaut und gelöst sowie ein Zustand des Wohlbefindens herbeigeführt. Die dadurch gewonnenen Erfahrungen lassen sich in den Alltag integrieren und in stressigen, hektischen und belastenden Situationen anwenden. Entspannung bedeutet in diesem Kontext nicht das Vermeiden von Konflikten oder ein ständiges Nachgeben, sondern sie soll helfen, Stress und Ärger in einer Konfliktsituation zu verringern oder zu vermeiden (vgl. Carlitschek et al. 2009).

Besonders bewährt haben sich hier jene Methoden, die bereits zu früheren Zeiten durchgeführt wurden und erneut aufgenommen werden können. Ist dies nicht der Fall, sind jene Methoden besonders geeignet, die mental die Aufmerksamkeit stark in Anspruch nehmen und so verhindern, dass Gedanken an das Mobbing aufkommen können. Es gibt diesbezüglich eine Vielzahl von Methoden wie z. B. die progressive Muskelentspannung nach Jacobson (1990). Grundsätzlich ist diese Methode gerade für Menschen mit Ängsten und starker gedanklicher Fokussierung auf das Mobbing hilfreich, da durch die aktive Ausführung der Übungen keine Möglichkeit geboten wird, die unangenehmen Gedanken fortzuführen. Bei der progressiven Muskelentspannung wird durch das bewusste An- und Entspannen bestimmter Muskelgruppen auf eine Entspannung des ganzen Körpers fokussiert. Hierbei wird insbesondere die Konzentration der Person auf den Wechsel zwischen Anspannung und Entspannung gerichtet und auf die Empfindungen, die mit diesen unterschiedlichen Zuständen einhergehen. Grundsätzlich folgen alle Übungen nach der Systematik „Anspannen – Einatmen – Loslassen – Ausatmen. Falls körperliche Einschränkungen oder Kreislaufprobleme bestehen, sollte beim Arzt geklärt werden, ob die Methode individuell geeignet ist bzw. wie sie modifiziert werden kann. Falls es gerade Beschwerden in einem speziellen Körperteil gibt, sollte dieser in der Übung bewusst ausgelassen werden. Die Programme sind von unterschiedlicher Dauer und für unterschiedliche Situationen möglich, z. B. zum Üben an einem ruhigen Ort im Liegen oder Sitzen, für den Arbeitsplatz, für das Flugzeug, für einen Vortrag oder ein spezifisches Gespräch" (vgl. Hofmann 2012).

Übung: Progressive Muskelentspannung für den Schreibtisch (Eberhardt Hofmann)

1. Drücken Sie die **Beine auf den Boden** und achten Sie auf die Anspannung (5 s). Halten Sie die Spannung (5 s) und dann lassen Sie wieder los. Achten Sie auf das angenehme Gefühl der Entspannung (10 s).
2. Drücken Sie die **Knie aneinander.** Halten Sie die Spannung (5 s) und dann lassen Sie wieder los. Achten Sie auf das angenehme Gefühl der Entspannung (10 s).
3. Legen Sie die **flachen Hände unter die Tischplatte und drücken Sie nach oben.** Halten Sie die Spannung (5 s) und dann lassen Sie wieder los. Achten Sie auf das angenehme Gefühl der Entspannung (10 s).
4. Drücken Sie den **Oberkörper und die Schultern gegen die Stuhllehne.** Halten Sie die Spannung (5 s) und dann lassen Sie wieder los. Achten Sie auf das angenehme Gefühl der Entspannung (10 s).
5. Spannen Sie die **Oberschenkel-, Unterschenkel- und Fußmuskulatur an.** Halten Sie die Spannung (5 s) und dann lassen Sie wieder los. Achten Sie auf das angenehme Gefühl der Entspannung (10 s).
6. Umfassen Sie einen Stift und spannen Sie die **Hände und Unterarme** an. Halten Sie die Spannung (5 s) und dann lassen Sie wieder los. Achten Sie auf das angenehme Gefühl der Entspannung (10 s).

7. Spannen Sie die **Gesäßmuskulatur** an. Halten Sie die Spannung (5 s) und dann lassen Sie wieder los. Achten Sie auf das angenehme Gefühl der Entspannung (10 s).
8. Sie können jeden **beliebigen anderen Körperteil** in gleicher Weise anspannen und wieder entspannen.
9. Zählen Sie von 4 bis 1. Bei 1 sagen Sie sich „Ich fühle mich wohl und erfrischt, hellwach und ruhig". Strecken Sie sich ausgiebig und trinken Sie eventuell ein Glas Wasser.

Auch Selbsthypnosetechniken können erlernt und in das alltägliche Leben integriert werden. Bei der **Selbsthypnosetechnik** nach Erickson (1977) handelt es sich um ein Verfahren, welches schnell zu einer Regeneration führen kann und in unterschiedlichen Varianten unterschiedlichen Zwecken dient. Wichtig ist hierbei, dass unmittelbar nach der Selbsthypnose eine aktivierende Tätigkeit erfolgt, falls das Verfahren nicht zur Einschlafförderung dient. Es sollte darüber hinaus nicht unmittelbar am Straßenverkehr teilgenommen werden!

Am Beginn der Selbsthypnose wird üblicherweise auf einen Punkt fokussiert und es erfolgt eine Konzentration auf die Atmung. Trotz der Fokussierung auf einen bestimmten Punkt besteht die Fähigkeit, Dinge im engeren und weiteren Umfeld schemenhaft wahrnehmen zu können. Der Rhythmus der Übung ist in fast allen Varianten gleich. Es werden jeweils fünf Dinge kommentiert, die gesehen werden, „Ich sehe x, ich sehe y, ich sehe z, …", dann werden fünf akustische „Ich höre x, ich höre y, ich höre z, …" und fünf kinästhetische „Ich spüre x, ich spüre y, ich spüre z, …" Wahrnehmungen genannt. Hierbei können diese sowohl innere (z. B. Ruhe) wie äußere Empfindungen (z. B. das Berühren der Füße am Boden) sein. Mit absteigender Anzahl der Nennungen wird diese Übung weitergeführt, bis jeweils eine visuelle, akustische und kinästhetische Wahrnehmung benannt ist. An dieser Stelle sei erwähnt, dass Wiederholungen von Wahrnehmungen förderlich sein können und es nicht darum geht, so unterschiedliche Wahrnehmungen wie möglich zu nennen. Falls Geräusche irritierend sind, kann einfach zu den akustischen Wahrnehmungen gewechselt werden und das Geräusch integriert werden. Es kann sein, dass die Reihenfolge durcheinanderkommt. Dies ist ein Zeichen der Entspannung. Es kann dann an einer beliebigen Stelle fortgefahren werden. Falls während der Übung das Gefühl entsteht, die Augen schließen zu wollen, kann mit geschlossenen Augen fortgefahren werden und es können nur die akustischen und kinästhetischen Wahrnehmungen genannt werden. Manche Menschen empfinden die Entspannung stärker, wenn sie die Wahrnehmungen laut aussprechen. Nach der letzten sinnesspezifischen Nennung erfolgt eine Reorientierung, indem bis drei gezählt und einige tiefe Atemzüge gemacht sowie die Glieder ausgiebig gesteckt werden.

Übung: Selbsthypnose zur Entspannung (Milton H. Erickson)

1. Setzen Sie sich an einen ruhigen Ort in einer angenehmen Position.
2. Fokussieren Sie auf einen Punkt. Sie werden bemerken, dass Sie trotzdem die Umgebung schemenhaft sehen.
3. Achten Sie für ein paar Atemzüge nur auf das Ein- und Ausatmen.
4. Nennen Sie fünf Dinge, die Sie **sehen,** ohne die Fokussierung zu unterbrechen.
5. Nennen Sie fünf Dinge, die Sie **hören,** ohne die Fokussierung zu unterbrechen.
6. Nennen Sie fünf Dinge, die Sie **spüren,** ohne die Fokussierung zu unterbrechen.
7. Fahren Sie mit absteigender Anzahl fort, bis Sie jeweils nur eine sinnesspezifische, akustische und kinästhetische Wahrnehmung genannt haben.
8. Reorientieren Sie sich, indem Sie bis drei zählen, einen tiefen Atemzug machen, die Augen öffnen und sich strecken. Sie können sich auch reorientieren, indem Sie rückwärts von 4 bis 1 zählen. Bei der Zahl 4 bewegen Sie die Füße und Beine, bei der Zahl 3 bewegen Sie zudem Arme und Hände, bei der Zahl 2 strecken Sie sich ausgiebig und bei der Zahl 1 öffnen Sie die Augen und sagen Sie zu sich: „Ich fühle mich frisch und wach."

Diese Methode kann auch als Achtsamkeitsübung bzw. zur **Reduzierung spontan auftretender unerwünschter Gefühle und Ängste** letztendlich überall ohne die Fokussierung auf einen Punkt durchgeführt werden. Sie blicken dann einfach in Ihrer Umgebung umher und nennen jeweils Ihre visuelle, akustische und (externe) kinästhetische Wahrnehmung. Genau wie in der vorgenannten Übung reduzieren Sie die Anzahl von fünf auf jeweils eine Wahrnehmung in den genannten Bereichen.

Zudem kann diese Methode auch zur **Etablierung spezifischer Gefühlszustände** angewendet werden. Hierfür wird vorab eine Situation reflektiert, in der jenes Gefühl bereits erlebt wurde, welches aktiviert werden soll. Nach dem Einnehmen einer angenehmen Position und der achtsamen Konzentration auf den Atem werden die Augen geschlossen. Nunmehr wird die Situation imaginiert, in der man das erwünschte Gefühl erlebt hat, indem fünf sinnesspezifische Wahrnehmungen genannt werden. Falls es eine Urlaubssituation ist, könnte dies wie folgt lauten: „Ich sehe die Palme. Ich sehe das Meer. Ich sehe den Strand. Ich sehe spielende Kinder. Ich sehe den blauen Himmel." Es folgen jeweils fünf Geräusche und fünf Empfindungen, die am imaginierten Ort wahrgenommen werden. Dieser Vorgang wird weitergeführt, bis jeweils eine visuelle, akustische und kinästhetische Wahrnehmung genannt wurden. Danach erfolgt eine Reorientierung. Beide Übungen, die „Selbsthypnose zur Entspannung" und die „Selbsthypnose zur Emotionslenkung", können besonders gut nacheinander angewendet werden und verstärken üblicherweise den Entspannungszustand.

Übung: Selbsthypnose zur Emotionslenkung (Bernhard Trenkle)

1. Setzen Sie sich an einen ruhigen Ort in einer angenehmen Position.
2. Erinnern Sie sich an eine Situation, in der Sie eine bestimmte, im Moment gewünschte Emotion bzw. Stimmungslage bereits erlebt haben.
3. Schließen Sie die Augen und imaginieren Sie diese Situation, indem Sie fünf Dinge nennen, die Sie in dieser Situation sehen, indem Sie sich sagen „Ich sehe x. Ich sehe y." Usw.
4. Nennen Sie fünf Geräusche, die Sie in dieser Situation hören.
5. Nennen Sie fünf körperliche Wahrnehmungen, die Sie in dieser Situation spüren.
6. Fahren Sie mit absteigender Anzahl fort, bis Sie jeweils eine sinnesspezifische, akustische und kinästhetische Wahrnehmung genannt haben.
7. Reorientieren Sie sich, indem Sie bis drei zählen, einen tiefen Atemzug machen, die Augen öffnen und sich ausgiebig strecken.

Die vorgenannte Technik kann auch in adaptierter Version als Einschlafhilfe genutzt werden. Hier hilft die Methode, belastendes Grübeln zu unterbinden, indem die Aufmerksamkeit auf sinnesspezifische Wahrnehmungen gelenkt wird. Hierbei gibt es eine Modifikation in Bezug auf das Sehen, da die Augen geschlossen sind. Imaginiert wird, welche Gegenstände sich im Raum befinden.

Übung: Selbsthypnose als Einschlafhilfe (Luc Isebert)

1. Legen Sie sich in angenehmer Position hin und erlauben Sie sich, die Position jederzeit zu verändern, falls es Ihnen beliebt.
2. Schließen Sie die Augen und atmen Sie tief ein und atmen Sie langsam wieder aus. Nehmen Sie einfach nur für eine Zeit Ihren Atem wahr.
3. Nennen Sie fünf Geräusche, die Sie hören.
4. Nennen Sie fünf körperliche Wahrnehmungen, die Sie spüren.
5. Nennen Sie fünf Dinge, die sich im Raum befinden, jedoch imaginieren Sie diese NUR in Ihrer Vorstellung, z. B.: „Ich stelle mir vor, wo meine Hausschuhe stehen. Sie stehen rechts neben der Tür." Bitte lassen Sie die Augen dabei geschlossen!
6. Fahren Sie so fort, bis Sie jeweils eine sinnesspezifische, akustische und kinästhetische Wahrnehmung genannt haben.

Es sei an dieser Stelle vermerkt, dass es vorkommen kann, dass man nicht mehr weiß, wie viel Durchgänge man pro Phase gemacht hat. Es ist völlig in Ordnung dann an irgendeiner Stelle weiterzumachen. Falls zu wenig akustische Reize vorhanden sind, können diese selbst durch minimale Bewegungen produzieren werden. Auch kann statt der imaginativen Vorstellung von Gegenständen im Raum ein Wohlfühlort gewählt werden, aus dem die visuellen Wahrnehmungen gewählt werden.

Eine weitere Form, für sich eine angemessene Entspannung zu erzielen, stellt die Etablierung des sicheren Orts dar. Für manche Menschen ist die Begrifflichkeit „sicherer Ort" nicht passend, deshalb verwendet Reddemann (2014) den Begriff Wohlfühlort. Der Ort kann imaginativ ausgestaltet werden und ist daher völlig unabhängig von rationalen Erwägungen. Er kann sich auf der Erde oder auch außerhalb dieser befinden. Wichtig ist es, dass keine realen Menschen imaginiert werden, gleichwohl hilfreiche Wesen z. B. aus Märchen und Mythen förderlich sein können. Bedeutend ist zu wissen, dass eine starke Assoziation durch verschiedene sinnliche Wahrnehmungszugänge bedingt ist. Der sichere Ort kann und soll demnach auch visuell, akustisch, kinästhetisch, olfaktorisch und gustatorisch erkundet werden. Luise Reddemann empfiehlt, eine Geste (Ankertechnik) zu wählen, die mit dem innerlichen Wohlfühlort verbunden wird. Wenn der Wohlfühlort imaginiert wird, sollte diese Geste bei starker Assoziation ausgeführt werden, um den Zugang zu diesem immer mehr zu erleichtern. Wenn die Methode kontinuierlich angewendet wird, führt dies in der Regel auch zum Effekt, dass das Auslösen des Ankers (der gewählten spezifischen Geste wie z. B. das Berühren von Daumen und Zeigefinger) im Alltag die entsprechenden Empfindungen des sicheren Ortes auslösen kann.

> **Übung: Etablierung eines sicheren Ortes/Wohlfühlorts (Luise Reddemann)**
>
> 1. Setzen Sie sich an einen Ort, an dem Sie ungestört sind, und machen Sie es sich gemütlich.
> 2. Überlegen Sie sich drei Eigenschaftswörter, die charakteristisch für Sie sind, wenn Sie sich an einem sicheren Ort befinden (z. B. entspannt, fröhlich, interessiert usw.).
> 3. Schließen Sie die Augen und atmen Sie tief ein und atmen Sie langsam wieder aus. Nehmen Sie einfach nur Ihren Atem für eine Zeit wahr.
> 4. Achten Sie nun darauf, welche Bilder auftauchen, wenn Sie beginnen, nach Ihrem imaginierten sicheren Ort Ausschau zu halten. Dieser kann sich in Form von Bildern, Gefühlen, Tönen, Gedanken oder auch anders ausdrücken.

5. Begeben Sie sich an diesen sicheren Ort. Es kann sein, dass Sie hierfür Hilfsmittel benötigen, wie z. B. eine Leiter, ein Boot, ein Flugobjekt oder einen Zauberstab.

6. Bitte schauen Sie sich an Ihrem sicheren Ort um und richten Sie sich ihn so ein, dass Sie sich bestmöglich wohlfühlen. Achten Sie darauf, dass er eine angenehme Begrenzung hat, die so gestaltet ist, dass nur Sie bestimmen, wer Zutritt hat.

7. Sie haben die Freiheit, alles ganz nach Ihrem Wohlgefühl zu gestalten!

8. Erkunden Sie Ihren sicheren Ort mit allen Sinnen! Was sehen Sie? Was hören Sie? Was riechen Sie? Was spüren Sie? Symbolisiert der Ort für Sie einen spezifischen Geschmack? Usw. Bitte nehmen Sie sich für diese Phase ausreichend Zeit.

9. Machen Sie es sich bequem an Ihrem sicheren Ort und verweilen Sie, solange Sie möchten.

10. Wenn Sie möchten, können Sie nun eine spezifische Geste machen (z. B. Zeigefinger und Daumen aneinander drücken), die Sie unterstützen wird, Ihren sicheren Ort immer leichter aufzusuchen.

11. Reorientieren Sie sich, indem Sie bis drei zählen, einen tiefen Atemzug machen, die Augen öffnen und sich ausgiebig strecken.

Nachfolgend können Sie eine Einleitung zur Unterstützung beim Finden des inneren sicheren Orts von Reddemann (vgl. 2011) finden. Wenn Sie den Text aufnehmen, können Sie diese Übung gut für sich selbst nutzen, oder aber Sie lesen ihn und verwenden ihn als Gedankenanregung.

Übung: Der innere sichere Ort (Luise Reddemann)

Ich möchte Sie einladen, die Übung des inneren sicheren Ortes zu machen. Lassen Sie Gedanken oder Vorstellungen und Bilder aufsteigen von einem Ort, an dem Sie sich ganz wohl und geborgen fühlen. … *(lange Pause)* Dieser Ort kann auf der Erde sein, er muss es aber nicht. Er kann auch außerhalb der Erde sein. … *(sehr lange Pause)*

Geben Sie diesem Ort eine Begrenzung Ihrer Wahl, die so beschaffen ist, dass nur Sie bestimmen können, welche Lebewesen an diesem Ort, Ihrem Ort, sein sollen, sein dürfen. Sie können später Lebewesen, die Sie gerne an diesem Ort haben wollen, einladen. Prüfen Sie, ob Sie sich dort mit allen Ihren Sinnen wohlfühlen. Prüfen Sie, ob das, was Ihre Augen wahrnehmen, angenehm ist. … Wenn es noch etwas geben sollte, was Ihnen nicht gefällt, dann verändern Sie es bitte. … Prüfen Sie, ob das, was Sie hören, für Ihre Ohren angenehm ist, ob Sie es gerne hören. ... Ansonsten können Sie es so lange verändern, bis es wirklich wohlklingend ist. ... Prüfen Sie die Temperatur, ob Sie angenehm ist, und verändern Sie diese, wenn es nötig ist. ... Ist das, was Sie riechen und schmecken ganz und gar angenehm? ... Sie können es verändern, wenn Sie möchten. ... Sie können an diesem sicheren Ort die Haltung einnehmen, die Ihnen angenehm erscheint. Sie können sich so bewegen, dass Sie sich wirklich wohl und frei fühlen. Denken Sie daran, dass Sie in der Vorstellung alles so gestalten können, wie Sie es möchten. Sie erschaffen diesen Ort genau für Ihre Bedürfnisse. ... *(lange Pause)*

Sie können jetzt auch hilfreiche Wesen an diesen Ort einladen. Wenn möglich, rate ich Ihnen, keine Menschen einzuladen, aber vielleicht liebevolle Begleiter oder Helfer, Wesen, die Ihnen Unterstützung und Liebe geben. ... *(lange Pause)* Wenn es Ihnen gelungen ist, sich jetzt diesen Ort zu erschaffen, dann genießen Sie es, dort zu sein. ... *(sehr lange Pause)* Wenn das heute noch nicht gelungen ist, ist das auch in Ordnung. Es ist gut, dass Sie sich damit beschäftigt haben, und wenn Sie diesen Ort haben wollen, werden Sie ihn früher oder später auch für sich gestalten können. ... Wenn Sie den Ort für sich gefunden haben, können Sie ihn jetzt noch verankern, sodass es Ihnen in Zukunft leichter fällt, dorthin zu gelangen. Sie können mit sich eine kleine Körpergeste vereinbaren. Diese kleine Geste können Sie in Zukunft ausführen und sie wird Ihnen helfen, dass Sie diesen Ort ganz rasch wieder in der Vorstellung finden. Wenn Sie das möchten, können Sie diese Geste jetzt ausführen. ...

Kommen Sie dann mit der Aufmerksamkeit zurück in den Raum. Machen Sie einen tiefen Atemzug, öffnen Sie die Augen und strecken sich ausgiebig.

Die Entspannung nach Dolan (1991) **für Menschen mit Traumata, Ängsten und Depressionen** baut auf dem sicheren Ort auf und wechselt zwischen Wahrnehmungen am sicheren Ort (mit geschlossenen Augen) und Wahrnehmungen im Hier und Jetzt (mit offenen Augen). Notwendig ist es jedoch, vorab den sicheren Ort für sich zu etablieren. Bei dieser Anwendungsform können fünf visuelle, akustische und kinästhetische Wahrnehmungen vom sicheren Ort und dann wiederum mit offenen Augen fünf visuelle, akustische und kinästhetische Wahrnehmungen des Raumes, in dem die Übung gemacht wird, genannt werden, z. B.: „Eins: Ich sehe das Meer am sicheren Ort, zwei: Ich sehe die Palmen am sicheren Ort, drei: Ich sehe die Vögel am sicheren Ort, und dann wieder: Eins: Ich sehe den Stuhl hier, zwei: Ich sehe den Tisch hier, drei: Ich sehe den Teppich hier." Usw.

Übung: Selbsthypnose für Menschen mit Traumata, Ängsten und Depressionen (Yvonne Dolan)

1. Setzen Sie sich an einen ruhigen, angenehmen Ort in einer angenehmen Position.
2. Imaginieren Sie Ihren sicheren Ort. Bitte lassen Sie sich dafür genügend Zeit.
3. Nennen Sie fünf visuelle Wahrnehmungen, die Sie am sicheren Ort sehen.
4. Nennen Sie fünf akustische Wahrnehmungen, die Sie am sicheren Ort hören.
5. Nennen Sie fünf kinästhetische Wahrnehmungen, die Sie am sicheren Ort spüren.
6. Öffnen Sie die Augen.
7. Nennen Sie fünf visuelle Wahrnehmungen, die Sie in dem Raum, in dem Sie sich befinden, sehen.
8. Nennen Sie fünf akustische Wahrnehmungen, die Sie in dem Raum, in dem Sie sich befinden, hören.
9. Nennen Sie fünf kinästhetische Wahrnehmungen, die Sie in dem Raum, in dem Sie sich befinden, spüren.
10. Schließen Sie die Augen.
11. Nennen Sie bitte jeweils vier visuelle, akustische und kinästhetische Wahrnehmungen des sicheren Ortes.
12. Öffnen Sie die Augen.
13. Nennen Sie bitte jeweils drei visuelle, akustische und kinästhetische Wahrnehmungen des Raumes, in dem Sie sich befinden.
14. Fahren Sie in dieser Weise fort, bis Sie jeweils eine sinnesspezifische, akustische und kinästhetische Wahrnehmung am sicheren Ort und in dem Raum, in dem Sie sich befinden, genannt haben.
15. Reorientieren Sie sich, indem Sie bis drei zählen, einen tiefen Atemzug machen, die Augen öffnen und sich strecken.

Bei dieser Übung ist eine weitere Variation möglich. Es kann auch nach jeder Nennung zwischen den Orten abgewechselt werden, jeweils mit offenen und geschlossenen Augen. (Eins: Ich sehe das Meer am sicheren Ort; und eins: Ich sehe den Tisch im Raum; zwei: Ich sehe die Palmen am sicheren Ort; und zwei: Ich sehe den Stuhl im Raum usw.) Falls die Methode als zu lang empfunden wird, kann diese mit einer geringeren Anzahl von Nennungen durchgeführt werden.

5.3   Wie erhalte ich mir eine positive Grundeinstellung?

Die Stimmungslage kann bei Mobbing stark beeinträchtigt sein und Verzweiflungszustände sind nicht selten. Menschen, die sich lange in Mobbingsituationen befinden, sind einer enormen Belastung ausgesetzt, die sich auch auf andere Lebensbereiche erstrecken kann. Es kann zu generalisierten negativen Grundstimmungen kommen, z. B.: „Mir wird es immer schlecht gehen" oder „Ich bin immer das Opfer". Dies stellt eine enorme Gefahr für die Gesundheit dar, denn negative Generalisierungen, die über die Situation hinaus auf andere Lebensbereiche projiziert werden, können längerfristig klinische Symptome hervorrufen. In diesem Sinne ist es wichtig, präventiv die Augen für die schönen Dinge des Lebens, trotz einer Mobbingsituation, offenzuhalten. Untersuchungen zeigen hierbei, dass die Übung der „drei positiven Dinge im Leben" dazu beitragen kann, den persönlichen Optimismus und Gefühle des Glücklichseins zu steigern. „The results suggest that the ‚three good things in life' exercise may increase happiness and optimism/hope" (Fleming 2006, S. 4). Neben der Steigerung dieser Bereiche zeigt eine weitere Untersuchung, dass diese verhältnismäßig kleine Übung auch dazu beitragen kann, depressive Stimmungen zu mindern (Seligman et al. 2005).

Übung: Stärkung positiver Einstellung (Martin Seligman)

Schreiben Sie jeden Abend, bevor Sie zu Bett gehen, drei kleine Begebenheiten oder Wahrnehmungen auf, die positiv waren, z. B. ein nettes Gespräch, ein schöner Gedanke, der Duft des morgendlichen Kaffees, und überlegen Sie, warum diese schön für Sie waren.

Eine andere Variante, eine positive Grundstimmung zu etablieren, sind die drei Fragen zum glücklichen Leben. Durch die regelmäßige Besinnung auf diese drei Fragen können Sie sich selbst dazu bringen, vermehrt das zu tun, was Sie tun wollen (vgl. Isebert 2009).

Übung: Drei Fragen zum glücklichen Leben (Luc Isebert)

1. Was habe ich heute getan, mit dem ich zufrieden sein kann?
2. Was hat jemand anderes getan, mit dem ich zufrieden oder dankbar sein kann?
3. Was sehe, höre, fühle, rieche oder schmecke ich, mit dem ich zufrieden oder dankbar sein kann?

Es kann auch ein sogenanntes **Glückstagebuch** verfasst werden, indem täglich Glückserlebnisse oder glückliche Momente aufgeschrieben werden. Dies ist besonders wichtig, damit dem Mobbingtagebuch, das oftmals ein wichtiges strategisches Instrument der Gegenwehr darstellt, positive Wahrnehmungen entgegengesetzt werden. Es gibt Pilotstudien, die nachweisen konnten, dass das Führen eines Glückstagebuches zu einer Reduktion depressiver Gestimmtheit beitragen konnte. „In der ersten Studie wurde ein fünf Items umfassendes Tagebuch, das positive Ereignisse im interpersonalen, beruflichen und persönlichen Bereich fokussierte, von 80 Probanden über zwei Wochen bearbeitet. In der zweiten Studie wurde eine vergleichbare Methode, welche die Dankbarkeit, eigene positive Taten sowie erlebte positive Erfahrungen erhob, von 21 Personen über eine Woche geführt. Insbesondere die längere Intervention trug zu positiven Effekten im Bereich der Befindlichkeit und des Glückserlebens und zu einer Reduktion depressiver Gestimmtheit in einem jeweils mittleren Ausmaß bei" (Laireiter et al. 2012, S. 312). Eine längerfristige Durchführung dieser Übung scheint die Effekte zu steigern und ist somit empfehlenswert.

Das strukturierte Tagebuch in der Studie von Laireiter et al. (2012) bestand aus folgenden fünf Items:

Übung: Fragen für das Glückstagebuch (Anton-Rupert Laireiter, Katharina Spitzbart, Leonie Raabe)

1. Hatten Sie heute positive oder erfüllende Begegnungen mit anderen Menschen?
2. Gab es heute berufliche Geschehnisse, die mit positiven Gefühlen einhergingen?
3. Haben Sie sich heute selbst etwas Gutes getan?
4. Was hat Sie heute stolz auf sich oder zufrieden mit sich gemacht?
5. Gab es andere Situationen, Ereignisse, Vorkommnisse etc., die Sie heute als positiv empfunden haben?

Auch kann eine Übung vorbereitet werden, die in Zeiten der Niedergeschlagenheit helfen kann, Ideen zu bekommen, die Stimmung zu heben. Hierfür ist es notwendig, sich bei guter Stimmung an einen angenehmen Ort zu setzen und alles aufzuschreiben, was das Wohlbefinden steigert. Danach wird das Aufgeschriebene so auseinandergeschnitten, dass auf jedem Papierstreifen je eine **„Wohlfühl-Idee"** verzeichnet ist. Dann werden die Zettel gefaltet und in ein Glas gegeben, sodass diese sichtbar bleiben. Das Glas wird an einen Ort gestellt, an dem Sie es mehrmals am Tag sehen. An negativ gestimmten Tagen kann dann aus dem Behälter eine aufgeschriebene Tätigkeit gezogen und ausgeführt werden.

„Natürlich kann es sein, dass Sie sich einen Zettel nehmen und dann doch nichts machen. Das ist auch nicht schlimm, denn Sie haben dadurch sich selber bewiesen, dass sie auch in einer solchen Situation imstande sind, Entscheidungen zu treffen" (Hargens 2011, S. 46).

5.4 Wie kreiere ich ein Stärkungs- und Entlastungsritual?

Falls vergangene Belastungen bestehen bzw. aktuelle auftreten, können selbst entwickelte Rituale dabei unterstützend sein, diese zu bewältigen. Hierbei gibt es verschiedene Arten von Ritualen. In den nun folgenden Abschnitten sollen zwei Formen beschrieben werden. Einerseits das Stabilisierungsritual, es dient dazu, neue Verhaltensweisen und Gewohnheiten aufzubauen. Darüber hinaus kann es auch als Verbindungsritual entwickelt werden, um die Beziehung zu anderen Menschen zu stärken. Andererseits können Lösungsrituale dabei behilflich sein, belastende Situationen zu überwinden (vgl. O'Hanlon 2000).

Das **Stabilisierungsritual** wird wiederholt alleine oder mit anderen ausgeführt. Es dient dazu, eigenes, neues hilfreiches Verhalten aufzubauen bzw. die Beziehung zu anderen Menschen zu stärken. Es kann z. B. ein täglicher Spaziergang oder ein wiederkehrender, sonntäglicher Kinobesuch mit einem lieben Menschen geplant werden. Das Ziel dieses Rituals ist die positive Etablierung oder Stärkung einer Selbst- oder Fremdbeziehung.

Übung: Entwicklung eines Stabilisierungsrituals (Bill O'Hanlon)
1. Überlegen Sie sich eine wiederholende Aktivität, die Sie für sich oder zur Festigung einer Beziehung aufbauen möchten.
2. Beschließen Sie das Ritual, indem Sie es aufschreiben oder mit den Beteiligten besprechen.
3. Führen Sie das Ritual für einen Monat durch und prüfen Sie, ob das Ritual hilfreich ist oder einer Modifikation bedarf.

Das **Lösungsritual** bietet in der Regel die Möglichkeit, eine schwierige Situation durch eigenes Handeln zu verändern. Hierfür bedarf es eines Symbols, welches in Verbindung mit der Situation steht, wie z. B. ein Bild, ein bestimmtes Objekt oder ein Brief. Symbole sind Objekte, die Plätze, Personen, innere Erfahrungen oder Situationen repräsentieren. Für das Lösungsritual können bestehende Symbole verwendet werden oder diese können durch schreiben, zeichnen oder einen anderen kreativen Akt selbst produziert werden. Dieses Symbol wird dann je nach

Anliegen externalisiert, indem der Brief z. B. verbrannt oder das Symbol außerhalb des gewohnten Bewegungsraumes deponiert wird. Wichtig ist es hierbei zu überlegen, wo, wann und mit wem das Ritual durchgeführt werden soll. Es kann sein, dass ein bestimmter Platz oder ein bestimmtes Datum angemessen ist, um die individuelle Bereitschaft der Veränderung zu initiieren (O'Hanlon 2000, S. 187).

Übung: Entwicklung eines Lösungsrituals (Bill O'Hanlon)
1. Klären Sie für sich das Ziel des Rituals.
2. Wählen oder kreieren Sie ein Symbol für das Ereignis.
3. Überlegen Sie, wann, wo und mit wem Sie das Ritual ausführen möchten.
4. Führen Sie das Ritual aus.
5. Feiern Sie die Beendigung der belastenden Situation und die Entscheidung für einen Neustart.

5.5   Wie kann ich besser loslassen?

Besonders bei der mentalen Entlastung sind Rituale hilfreich. Sie werden meist für einen bestimmten Zeitraum kontinuierlich durchgeführt. Belastende Gedanken und die übermäßige Beschäftigung mit dem Thema Mobbing, die dazu führt, dass Zeiten der Regeneration verringert werden, sind oft Resultat von Mobbingerfahrungen. Falls die Gedanken an die Mobbingsituation sehr stark belastet sind und ungewollt wiederkehren, kann die „Schreiben, Lesen, Verbrennen"-Übung hilfreich sein (vgl. De Shazer 2006). Diese Übung stellt eine mehrfache Externalisierung der belastenden Gedanken dar und ermöglicht zudem Zeiten, in denen Sie sich mit anderen Dingen beschäftigen können.

Übung: Gedankenentlastung (Steve de Shazer)
1. Ziehen Sie sich täglich etwa zur selben Zeit für eine halbe bis maximal eine Stunde zurück. An den geraden Tagen schreiben Sie bitte alle unangenehmen Gedanken, die Sie mit dem Mobbing verbinden, auf. Schreiben Sie die gesamte Zeit über, selbst wenn das bedeutet, dass Sie sich wiederholen.
2. An den ungeraden Tagen holen Sie das Geschriebene hervor, lesen und verbrennen es danach.
3. Falls die unerwünschten Gedanken zu einer anderen als der von Ihnen vorgesehenen Zeit auftreten, sagen Sie sich entweder „Jetzt habe ich über andere Dinge nachzudenken, an diese Sache werde ich zur festgesetzten Zeit denken" oder Sie machen sich eine Notiz als Erinnerung und verschieben diese in die vorgesehene Zeit.

Auch kann es sein, dass im Mobbingprozess Personen involviert sind, die vormals FreundInnen waren und sich dann in die Gruppe der GegnerInnen eingereiht haben. Dies impliziert, dass diesen Personen unterschiedliche Gefühle entgegengebracht werden. Oftmals ist es schwieriger, sich von diesen Personen emotionell zu trennen. Auch bedeutet Mobbing für manche Menschen, den Arbeitsplatz zu verlieren. Selbstverständlich sind mit dem Arbeitsplatz neben den Mobbingerfahrungen auch andere Erfahrungen verbunden, was in der Regel zu Ambivalenzen führt: „Ich mochte meinen Arbeitsplatz und die Arbeit, wenn da nur nicht die KollegInnen gewesen wären." Eine adaptierte Übung aus der Gestalttherapie kann hier hilfreich sein, um den Verlust zu bewältigen (vgl. Zeig 2017).

Übung: Umgang mit Verlust (Jeffrey K. Zeig)

1. Bitte machen Sie sich drei Listen mit nachfolgenden Überschriften: Bedauern, Ärger & Würdigung/Dank.
2. Schreiben Sie auf die Liste des Bedauerns alles auf, was Sie im Zusammenhang mit der Person bzw. Situation bedauern: „Ich bedauere, dass …"
3. Schreiben Sie auf die Lister des Ärgers alles auf, was Sie im Zusammenhang mit der Person oder der Situation noch ärgert: „Ich ärgere mich, weil …"
4. Schreiben Sie auf die Liste mit dem Begriff Würdigung/Dank alles auf, was Sie durch diese Person oder Situation an Positivem erfahren haben bzw. wofür Sie sich bedanken möchten: „Ich schätze/würdige, dass …" „Ich danke dir, dass …"
5. Führen Sie diese Übung über einige Tage/Wochen aus, bis Sie das Gefühl haben, auf allen drei Listen stehen die für Sie wesentlichen Aspekte. Wenn dies der Fall ist und Sie es als stimmig empfinden, finden Sie ein Ritual, um sich von den Listen zu verabschieden.

Eine weitere Übung, um sich von belastenden Erlebnissen zu distanzieren, legt Reddemann (2011) vor. Falls diese Übung interessant für Sie ist, nehmen Sie diese Übung für sich auf und hören Sie diese, wenn gewünscht auch wiederholt, an. Bevor Sie die Übung beginnen, setzen Sie sich bitte an einen ruhigen Ort in einer angenehmen Position.

Übung: Sich von innerem „Gepäck" distanzieren (Luise Reddemann)

Stellen Sie sich vor, dass Sie auf einer langen Wanderung sind. … *(lange Pause)* Auf dieser langen Wanderschaft gelangen Sie zu einem Hochplateau. … *(lange Pause)* Weil Sie jetzt einen Weg vor sich haben, der eben ist, wo Sie nicht mehr aufsteigen müssen, können Sie ein wenig verschnaufen. … In der Ferne sehen Sie etwas Helles, wie ein Licht. … Sie fühlen sich davon angezogen und gehen dorthin. ... Nun gelangen Sie zu einem Platz, der in ein warmes, helles Licht getaucht ist. Dort entdecken Sie vielleicht ein Gebäude, vielleicht Bäume oder eine Grotte, was auch immer Ihnen zusagt. ... (lange Pause). Sie spüren, dass Sie jetzt verweilen und Ihr Gepäck ablegen können. ... Sie legen Ihr Gepäck an den Rand des hellen Platzes. ... (lange Pause) Sie halten Ausschau nach einer Möglichkeit, sich hinzusetzen, sich auszuruhen. ... Sie finden etwas Passendes. ... Sie lassen dieses helle Licht auf sich wirken und spüren, wie Ihnen angenehm warm wird und Sie sich wohlfühlen, Sie sich leicht fühlen. ... (sehr lange Pause)

Auf einmal bemerken Sie, dass ein freundliches, helles Wesen auf Sie zukommt, Sie freundlich anlächelt und Ihnen ein Geschenk gibt. ... Sie werden beschenkt mit etwas, das Sie für Ihr Anliegen, das Sie im Moment haben, brauchen, was für Sie hilfreich ist, ... vielleicht ist es ein symbolisches Geschenk, das Sie im Moment noch gar nicht verstehen. ... Wenn Sie möchten, bedanken Sie sich. ... (lange Pause).

Nach und nach beschließen Sie, dass Sie diesen Platz wieder verlassen möchten. ... (lange Pause) Sie können jederzeit zu diesem Ort zurückkehren. Gehen Sie dann zu Ihrem Gepäck und überlegen Sie sich, was Sie von Ihrem Gepäck jetzt auf Ihrem weiteren Weg noch mitnehmen möchten, was Sie noch brauchen. Vielleicht gibt es jetzt Dinge, die Sie nicht mehr brauchen. Aber vielleicht möchten Sie auch alles wieder so aufnehmen. ... (lange Pause) Dann setzen Sie mit dem Gepäck, das Sie jetzt noch brauchen, Ihre Wanderung fort. ... (lange Pause)

Und jetzt kommen Sie mit jedem Atemzug mit Ihrer vollen Aufmerksamkeit zurück in den Raum. Lassen Sie sich überraschen, welcher Körperteil sich als Erstes bewegt, und öffnen Sie die Augen. Atmen Sie gut durch und strecken Sie sich ausgiebig.

Eine weitere Belastung bei Mobbing kann die Etablierung innerer negativer Gedanken sein. Negative wiederkehrende Gedanken können sich maßgeblich auf die persönliche Stimmung und das Lebensgefühl auswirken. Gerade bei Mobbing besteht eine große Gefahr, dass über die Situation hinaus negative Glaubenssätze etabliert werden. So kann es z. B. zu einer generalisierten Opferhaltung kommen. Diese beeinflusst die Lebensqualität und klinische Symptome können die Folge sein. Demzufolge ist es wichtig, früh konstruktiv mit negativen Gedanken umzugehen und ihre Wandlung anzustreben.

Übung: Negative wiederkehrende Gedanken verändern (o. V.)

1. Negativen Gedanken identifizieren.
2. Wenn dieser Gedanke eine positive Absicht hätte, welche wäre das?
3. Spüren Sie in sich hinein, wo im Körper diese Aussage am deutlichsten „hörbar" ist (z. B.: Bauch, Schultern, Kopf usw.). Wenn die Stimme aus einem Ihrer Körperteile „sprechen" würde, welcher wäre das? Wie klingt die Stimme?
4. Verändern Sie nun die Stimme in Ihren Submodalitäten (z. B.: Micky-Maus-Stimme, viel schneller oder sehr viel langsamer, als sie ursprünglich ist, singen, einen bestimmten Musikstil nutzen, eine andere Sprache verwenden usw.).
5. Verlagern Sie die veränderte Stimme in einen anderen Körperteil und hören Sie diese dort in der veränderten Form.
6. Verlagern Sie die Stimme schrittweise immer weiter hoch bis zum Scheitel, indem Sie diese an unterschiedlichen Körperteilen immer wieder in **veränderter Form** hören. Externalisieren Sie sie dann ganz langsam, als ob der Gedanke ein Luftballon wäre, der langsam entschwindet (Körper – Scheitel – Himmel – Sterne). Achten Sie darauf, dass der Gedanke mit der veränderten Submodalität dabei immer leiser wird.
7. Was wäre ein gewünschter Gedanke, den Sie anstelle dessen gerne hören möchten und der die gute Absicht inkludiert? Was möchten Sie anstelle des Satzes hören? Bitte formulieren Sie den neuen Satz unbedingt positiv. Hören Sie den neuen Gedanken an der ursprünglichen Körperstelle, wo der erste Gedanke gehört wurde **ohne veränderte Submodalitäten** mehrmals.
8. Bitte experimentieren Sie mit dem neuen Satz im Sinne einer Affirmation immer wieder über die nächsten Tage und Wochen, indem Sie ihn sich leise vorsagen. Es kann und darf sein, dass sich der Satz weiter verändert.

Bisweilen kommt es auch vor, dass negative Glaubenssätzen sehr manifest sind und sich immer wieder aufdrängen. Die Ego-State-Therapie (vgl. Peichl 2015) kann hier eine wichtige Hilfe sein. Diese Theorie geht davon aus, dass belastende innere Anteile unbewusste positive Absichten haben. Negative Glaubenssätze können Schutzfunktionen haben, auch wenn dies auf den ersten Blick irritierend anmuten mag. Sie können im frühen Lebensalter entstanden sein und sich über die Zeit stabilisiert haben, obgleich die ursprüngliche Situation, der sie gedient haben, lange vergangen ist. Insbesondere Glaubensätze, die bereits lange bestehen, können aus der Kindheit stammen und dem Erhalt von damaligen Beziehungen gedient haben. So kann es z. B. sein, dass Glaubenssätze über die eigene

Person von nahen Bezugspersonen in der Kindheit übernommen wurden, um die Beziehung zur Person zu sichern, auch wenn diese persönlich abwertend bzw. geringschätzend waren. Ist dies der Fall, ist es sinnvoll, dies im Rahmen einer psychologischen Behandlung zu bearbeiten, da hier eine Begleitung hilfreich sein kann.

Auch kann es sein, dass belastende Gedanken auftreten, die für die Person selbst nicht rational verständlich sind. Hier ist es notwendig, dass der Zugang zu unbewussten Prozessen ermöglicht wird. Die nachfolgende metaphorische Übung (Zeig 2011) kann hier helfen, die Gedanken bewusst einzuordnen und zu verstehen. Diese Übung kann bewirken, dass schon im Prozess des Findens eines Symbols für die Gedanken wichtige Erkenntnisse gewonnen werden.

Übung: Unbewusste Aspekte des Problems bewusst machen (Jeffrey K. Zeig)

1. Suchen Sie sich ein Symbol (einen Gegenstand), das für den Gedanken oder das Problem, das Sie sich nicht rational erklären können, steht. Der Gegenstand sollte klein sein und gut in die Hosentasche passen. Tragen Sie dieses Symbol mindestens zehn Tage mit sich herum. Während dieser Zeit suchen Sie sich einen Platz für Ihr Symbol. Es soll eine intuitive Entscheidung sein. Wenn Sie also bewusst darüber nachdenken, wo Sie den Gegenstand ablegen wollen, warten Sie lieber noch, bis Sie intuitiv den stimmigsten Ort gefunden haben. Ihr Körper ist hier der beste Ratgeber!

2. Falls Sie einen Platz gefunden haben, denken Sie darüber nach, wo Sie den Gegenstand deponiert haben und was gerade dieser Platz mit der Ursache und einer eventuellen Lösung des Problems zu tun hat.

5.6   Wie kommuniziere ich in Konfliktsituationen konstruktiv?

Ein wichtiger Aspekt im Umgang mit Konflikten ist die Art und Weise der Kommunikation. Es ist ratsam, sich in diesen Bereich zu vertiefen, nicht nur, um angemessen auf aktuelle Konflikte zu reagieren, sondern auch um präventiv eine Konflikteskalation zu vermeiden. Eine angemessene Feedbackkultur stellt eine zentrale individuelle Prävention von Konflikteskalationen dar.

Das Modell der gewaltfreien Kommunikation (GFK) (vgl. Rosenberg 2012) versucht, durch seine strukturierte Abfolge ehrliche Kommunikation zu fördern und einfühlsames Verstehen zu etablieren. Sie gibt dem Gegenüber die Möglichkeit einer Veränderung ohne Gesichtsverlust. Das Grundmodell hilft so, andere besser zu verstehen, aber auch eigene Gefühle und Bedürfnisse sich selbst und anderen gegenüber zu äußern. Gerade dieses Modell ist als Präventionskonzept besonders geeignet, weil es die Möglichkeit bietet, eigene Gefühle zu artikulieren. Diese werden durch die Artikulation „dahinterliegender" Bedürfnisse gelenkt und können so auch bei Konflikten eine konstruktive Kommunikation und Atmosphäre erhalten. „Marshall Rosenberg geht davon aus, dass die Art und Weise der Kommunikation für die Entwicklung von Empathie entscheidend ist. Für Rosenberg gibt es zwei Seiten einer Medaille, die Empathie für das Gegenüber, für eigene Bedürfnisse und – das ist die dritte Seite – die Form der Kommunikation, beides zu verbinden. Dieses Kommunikationsmodell lässt sich in vier Schritten veranschaulichen" (Kolodej 2008, S. 168).

Beobachtung

In einem ersten Schritt wird die konkrete Beobachtung, die zu einem konflikthaften Geschehen geführt hat, beschrieben. Besonders bedeutungsvoll ist es in diesem Zusammenhang, die Beobachtungen nicht mit Interpretationen oder Bewertungen zu versehen.

Wenn ich (sehe, höre) ….

Gefühl

In einem nächsten Schritt werden die mit der Beobachtung unmittelbar einhergehenden Gefühle artikuliert. Falls mit der Beobachtung mehrere Gefühle in Verbindung stehen, können alle nacheinander artikuliert werden.

… fühle ich mich …

Bedürfnisse

Hinter Gefühlen stehen nach Rosenberg Bedürfnisse. Wenn diese artikuliert werden, können die Streitparteien leichter empathische Kommunikation aufbauen. Zudem werden gerade aggressive, ärgerliche oder wütende Gefühle durch ihre Koppelung an dahinterliegende Bedürfnisse in der Regel positiver gebahnt und leichter nachvollziehbar für das Gegenüber.

…, weil ich … (brauche, gerne hätte, möchte, mir wichtig ist, mir am Herzen liegt)

Bitte

Als letzter Schritt wird eine Bitte formuliert. Diese sollte an eine konkrete Handlung gekoppelt werden, sodass es dem Gegenüber nachvollziehbar und leichter möglich gemacht wird, der Bitte nachzukommen. Wichtig ist es, eine klare Bitte ohne Forderungscharakter zu artikulieren.

Und würdest du bitte …

Es sei an dieser Stelle vermerkt, dass neue Entwicklungen zu diesem Modell eine unterschiedliche Anwendung je nach Eskalationsgrad empfehlen. Bei geringerem Eskalationsgrad können dementsprechend auch nur die letzten beiden Aspekte, das Bedürfnis und die Bitte in der Kommunikation, ausreichen (vgl. Lenz 2016).

Übung: Gewaltfreie Kommunikation (Christa Kolodej)

1. Beispiel: Zweimal haben Sie und Ihr Freund sich trotz Verabredung verpasst. Ihr Freund wartete entweder an einem anderen Ort oder hatte sich in der Zeit vertan. Bei der neuen Verabredung möchten Sie sichergehen, dass Sie sich zur verabredeten Zeit am verabredeten Ort treffen.
2. Bitte formulieren Sie das Feedback an Ihren Freund mittels gewaltfreier Kommunikation in vier Schritten (Beobachtung, Gefühle, Bedürfnisse, Bitte/Wunsch).

Mögliche Antwort: Wir haben zweimal vergeblich versucht, uns zu treffen (Beobachtung), ich war traurig (Gefühl), weil ich das Bedürfnis habe, mit dir die Zeit zu verbringen und mich mit dir auszutauschen (Bedürfnis). Wäre es für dich in Ordnung, noch einmal gemeinsam zu überprüfen, welche Zeit und welchen Ort für unser nächstes Treffen ausgemacht haben? (Bitte)

Die vier Schritte können als Selbstmitteilung oder als Einfühlung kommuniziert werden. Mit der Selbstmitteilung zeigen wir uns mit unseren Gefühlen und Bedürfnissen und drücken eine damit verbundene Bitte aus. Mit der Einfühlung versuchen wir, das Bedürfnis des Gesprächspartners zu erkunden und uns mit ihm zu verbinden. Alles zusammen bildet den Prozess der gewaltfreien Kommunikation. In Konflikten entfaltet die gewaltfreie Kommunikation ihre verbindende und transformierende Kraft im Wechselspiel von Selbstmitteilung und Einfühlung. Rosenberg (2012) fasst die Kommunikationsart der gewaltfreien Kommunikation in folgendem Satz zusammen:

Gewaltfreie Kommunikation für sich selbst
Wenn A, dann fühle ich mich B, weil ich C brauche.
Deshalb wünsche ich mir D.

Gewaltfreie Kommunikation für den/die Andere/n

Als du A gesehen oder gehört hast, hast du B gefühlt, weil du dir C wünschst. Deshalb hättest du gerne D von mir?

Übung: Gewaltfreie Kommunikation erleben (Christa Kolodej)
1. Bitte schreiben Sie eine DU-Botschaft (z. B. „Immer kommst du zu spät.") auf, die Sie in letzter Zeit gesagt haben oder gesagt haben könnten.
2. Formulieren Sie diese Botschaft in eine GFK-Botschaft um.
3. Lesen Sie beide Sätze mit einer kleinen Zwischenpause und nehmen Sie den Unterschied wahr.
4. Wenn möglich, lesen Sie beide Sätze einer anderen Person vor und lassen Sie sich den wahrgenommenen Unterschied berichten.

5.7 Wie gehe ich bei Mobbing strategisch vor?

Betroffene von Mobbing sind in einer unterlegenen Position entweder gegenüber KollegInnen oder ihrem Chef. Gerade darum ist es wichtig, strategisch vorzugehen. Es gilt, die Hebel zum Machtausgleich zu finden. Dies kann durch ein verändertes persönliches Verhalten, den Einbezug der Interessenvertretung oder des Betriebsrates, durch ein fachspezifisches Gutachten oder ähnliche Interventionen geschehen. Um entsprechend strategisch vorzugehen, ist es hilfreich, eine **Organisations-Soziometrische Analyse (OSA)** durchzuführen (s. Abb. 5.3). „Diese bildet sowohl die formellen und informellen hierarchischen Verhältnisse als auch die psychodynamischen Prozesse ab. Darüber hinaus können weitere

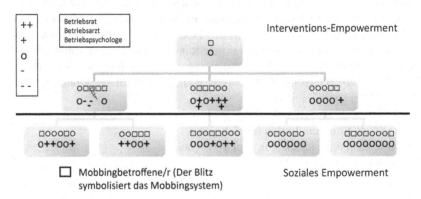

Abb. 5.3 Organisations-Soziometrische Analyse. (Eigene Darstellung)

wichtige Informationen, wie entscheidende Ereignisse, Angaben zu Zeitverläufen, Zugehörigkeit zum System usw., gut vermerkt werden" (Kolodej 2008, S. 122). Relevant bei der OSA ist die Abbildung eines Organigramms der Organisation, der formal hierarchischen Entscheidungs- und Informationsstrukturen. Zusätzlich wird eine soziometrische Analyse der relevanten Personen gemacht. „Die KundInnen werden gebeten, die einzelnen Personen nach ihrer Involviertheit in den Prozess zu differenzieren. Hier wird in unterschiedliche Kategorien differenziert: Starke GegnerIn (−−), mittlere Gegnerschaft (−), neutrale Position (0), gute Beziehung (+) und UnterstützerIn (++). Es werden alle relevanten Personen nach diesem Einschätzungsschema beurteilt" (Kolodej 2008, S. 216). In Abb. 5.3 finden Sie ein Beispiel für eine Organisations-Soziometrische Analyse eines Mannes (Männer werden als Quadrate, Frauen mittels Kreisen in Organigrammen dargestellt), der im Konflikt mit einem anderen Mann steht. Seine Abteilung befindet sich in der mittleren Hierarchieebene unter dem Geschäftsführer. Es gibt noch einen weiteren Mann, der der Gegnergruppe angehört, und eine Frauen sowie einen Mann, die sich neutral verhalten. Zu anderen Abteilungen besteht vorwiegend positiver Kontakt und sein Verhältnis zum Vorgesetzten ist neutral.

Übung: Organisations-Soziometrische Analyse (Christa Kolodej)
1. Zeichnen Sie ein Organigramm Ihrer Organisation bzw. der relevanten Abteilungen, sodass man erkennen kann, wer wem über- bzw. untergeordnet bzw. gleichgestellt ist.
2. Zeichnen Sie zudem Anlaufstellen für Konfliktregelung und andere unterstützende Institutionen oder Personen ein, die Ihre Organisation bietet (PsychologIn, ÄrztIn, BetriebsrätIn, Gleichbehandlungsbeauftragte usw.).
3. Markieren Sie sich selbst in dem Bild.
4. Schätzen Sie nun die relevanten Personen mittels eines Kategorienschemas ein z. B.: (++ [UnterstützerIn], + [gute Beziehung], 0 [neutrale Beziehung], − [schlechte Beziehung], − − [MobberIn/KonfliktpartnerIn]).
   Sie können sich auch eines Farbschemas bedienen (z. B.: Rot: GegnerIn, Gelb: Neutrale Person, Grün: UnterstützerIn).
5. Reflektieren Sie das Ergebnis in Bezug auf Personen, die Sie unterstützen könnten.

Bei der Bewältigung von Konflikten und Mobbing kommt dem Einbeziehen von Dritten eine besondere Bedeutung zu. Dies kann durch innerbetriebliche MitarbeiterInnen oder institutionalisierte Beschwerdeeinrichtungen, wie z. B. dem Betriebsrat oder dem Personalvertreter, aber auch durch professionelle Hilfe von außen erfolgen. Die Palette der möglichen Interventionsrichtungen geht hierbei von der Mediation und Organisationsentwicklung bis hin zu notwendigen Machteingriffen. Wichtig ist, dass die Interventionsmethoden dem jeweiligen Eskalationsgrad (vgl. Kolodej 2008) und den Rahmenbedingungen des Konflikt- bzw. Mobbingprozesses entsprechen müssen. Je früher eine Konfliktintervention erfolgt, desto größer sind die Chancen auf eine konstruktive Konfliktlösung. Durch das Einbeziehen Dritter in den Konflikt kann es zu einer grundlegenden Veränderung der Konfliktdynamik kommen, da Konflikte weniger gern eingegangen und vorangetrieben werden, wenn ihr Ausgang nicht einschätzbar ist.

Zentral sind im Zusammenhang des selbstreflexiven Vorgehens die Suche nach BündnispartnerInnen und die Pflege des sozialen Netzes. Gerade darum ist es wichtig, diesen Weg nicht alleine zu gehen, sondern begleitet u. a. von Familienmitgliedern, FreundInnen, ÄrztInnen und PsychologInnen. Um einer etwaigen Isolation entgegenzuwirken, ist es ratsam, mit jenen, mit denen guter bzw. neutraler Kontakt besteht, weiter alltägliche Kommunikation zu führen, um nicht ganz den Anschluss an das System zu verlieren. Wenngleich manche von diesen Personen in der aktuellen Mobbingsituation vielleicht nicht helfen können, so sind sie doch AnsprechpartnerInnen.

Wichtig beim strategischen Vorgehen bei Mobbing ist die Dokumentation des Geschehens. Hierfür hat sich der Begriff Mobbingtagebuch durchgesetzt (s. Abb. 5.4). „Wenngleich die Bezeichnung irrtümlich ist, geht es doch letztendlich um die Dokumentation der Geschehnisse, die in jeder beliebigen Form getätigt werden kann, hat sie sich doch in der Literatur durchgesetzt (vgl. Kolodej 2005; Esser und Wolmerath 2005; Smutny und Hopf 2003) (…) Das Tagebuch kann durch Aufzeichnungen im Kalender, einer Kartei, einzelnen Aktenvermerken oder in Tagebuchform geführt werden. Es sollte in jedem Falle handschriftlich geschrieben sein. Im Falle einer rückwirkenden Aufzeichnung ist es wichtig, dies zu vermerken" (Kolodej 2008, S. 219 f.).

Datum	Uhrzeit	Was ist passiert?	Beteiligte Zeugen	Persönliche Reaktionen	Folgen	Dokumente Beweise

Abb. 5.4 Mobbingtagebuch. (Eigene Darstellung)

Das Mobbingtagebuch ist nicht nur für etwaige gerichtliche Auseinandersetzungen wichtig, auch kann es bei der Einforderung der Fürsorgepflicht dienlich sein. Ratsam ist es jedoch, nicht das gesamte Dokument frühzeitig aus der Hand zu geben, sondern drei markante Ereignisse bei der Einforderung der Fürsorgepflicht zu nennen. Diese Ereignisse sollten im besten Fall durch Dokumente oder ZeugInnen beweisbar sein.

Die Verfassung eines solchen Tagebuches sollte frühzeitig begonnen werden, da aktuelle Vermerke natürlich von genauerer Aussagekraft sind. Falls ZeugInnen bei den Mobbingvorfällen zugegen waren, ist es unbedingt notwendig, deren Namen im Mobbingtagebuch zu verzeichnen. Im günstigsten Fall sollten die Aufzeichnungen von diesen unterzeichnet werden. Falls keine ZeugInnen anwesend waren und der Vorfall unmittelbar danach jemandem berichtet wurde, sollten die Namen dieser Personen ebenfalls im Mobbingtagebuch notiert werden.

Für eine eventuelle gerichtliche Auseinandersetzung sind die folgenden fünf Punkte von besonderer Relevanz (vgl. Smutny und Hopf 2003):

1. ZeugInnen
2. Urkunden (Mobbingtagebuch, Zeitbestätigungen von Arztbesuchen, andere schriftliche Dokumente …)
3. Augenschein (Fotos, Lokalaugenschein …)
4. Parteien (die eigene Aussage)
5. Sachverständige (ÄrztInnen, PsychologInnen …)

Auch für die Mobbinganalyse kann das Mobbingtagebuch wichtig sein, da hierdurch der Verlauf verdeutlicht, eine Analyse der betrieblichen Schwachstellen vorgenommen oder aber erfolgreiche Verhaltensmuster erkennbar und reproduzierbar werden. Darüber hinaus dient es dem Individuum der Strukturierung für erlebte Erfahrungen. In der Regel sollte das Mobbingtagebuch zu Hause aufbewahrt werden, um den persönlichen Zugriff zu sichern. Wichtig ist es allerdings, einen Aufbewahrungsort zu finden, bei dem das Tagebuch nicht immer als Erinnerung an die Situation fungiert.

Besonders wichtig ist es, Kurzschlussreaktionen zu verhindern. Bei Mobbingprozessen werden z. B. die Betroffenen oft unter Druck gesetzt, für sie nachteilige oder nicht gewollte Dokumente zu unterzeichnen (vgl. Kolodej 2008). Hier ist es von besonderer Bedeutung, sich vorab eine Strategie zurechtzulegen, damit in Stresssituationen Kurzschlussreaktionen vermieden werden. „Mobbingbetroffene stehen unter einem solchen innerlichen und äußerlichen Druck, dass sie manchmal Fluchttendenzen zeigen. Wichtig ist, dass Mobbingbetroffene nicht überstürzt kündigen oder für sie zum Nachteil gereichende Unterlagen unterschreiben. Es ist von Bedeutung, dass bei einer Kündigung der Betriebsrat und die Personalvertretung eingeschaltet werden, um zumindest eine Minimalabsicherung zu gewährleisten" (Kolodej 2005, S. 130). Grundlegend gilt, das Schriftstück vorab von (externen) Interessenvertretungen, den Gewerkschaften oder JuristInnen, prüfen zu lassen.

Auch von der Artikulation unbedachter verbaler Äußerungen oder physischer Reaktionen vonseiten der Betroffenen (Beschimpfungen, körperliche Attacken) ist dringlich abzuraten, da dies mit großer Sicherheit zu einer weiteren Schädigung der Betroffenen führt. Es ist an dieser Stelle eine Beratung unbedingt zu empfehlen, um derartige Affektreaktionen effizient zu vermeiden! Vielmehr bedarf es der strategischen Gegenwehr, die durch eine kompetente Mobbingberatung unterstützt werden kann.

5.8   Wie verändere ich mein eigenes Verhalten oder meine inneren Haltungen?

Individuelles unerwünschtes Verhalten oder innere Haltungen zu verändern kann sich als schwierig herausstellen, da unterbewusste Reaktionsmuster oft schneller sind als bewusste Vorsätze. Bevor jedoch individuelle Verhaltungsweisen verändert werden, ist es ratsam, diese sorgfältig zu analysieren, da sich hinter negativ empfundenen Verhaltensweisen positive Absichten verbergen können. Dementsprechend ist es wichtig, diese zu erkunden, um sie in neue Verhaltensweisen zu integrieren.

Übung: Von Schwächen und Stärken (Christa Kolodej)
1. Notieren Sie eine Verhaltensweise, die Sie für eine Ihrer Schwächen halten.
2. Überlegen Sie, welche Konsequenzen es hätte, wenn Sie diese Verhaltensweisen nicht mehr an den Tag legen würden. Was würde sich dadurch zum Besseren, aber auch zum Schlechteren ändern?
3. Machen Sie sich eine Liste möglicher Stärken, die hinter den als negativ empfundenen Verhalten stehen könnten, z. B. aus Angst wird Vorsicht oder aus Aggressivität wird Durchsetzungsvermögen

Wenn sich die positiven Absichten bzw. Stärken hinter den vermeintlichen Schwächen gezeigt haben, kann es sinnvoll sein, sich darüber Gedanken zu machen, welche alternativen Verhaltensweisen selbige sichern könnten (vgl. Mohl 2006). So kann es z. B. sein, dass hinter einem konfliktscheuen Verhalten der Wunsch nach einer guten Kooperation, der Wunsch, Menschen nicht zu verletzen, oder der Wunsch, Grenzen wahren zu wollen, steht. Dementsprechend sichert das Verhalten legitime Wünsche und Ansprüche im Umgang mit Menschen. Wichtig ist es nun, dass diese Wünsche und Ansprüche auch mit dem neuen Verhalten bestehen bleiben, damit diese sich nachhaltig etablieren können. So könnte z. B. das Resultat einer solchen Reflexion die Anwendung der gewaltfreien Kommunikation bei Konflikten sein, um einerseits Ansprüche nach einem respektvollen Umgang mit Mitmenschen zu sichern und andererseits dem Wunsch, Feedback äußern zu wollen, Rechnung zu tragen.

> **Übung: Neue Verhaltensweisen für unerwünschtes individuelles Verhalten finden (Alexa Mohl)**
> 1. Suchen Sie ein Verhalten bzw. eine Gewohnheit, die Sie verändern wollen.
> 2. Was fällt Ihnen ein, wenn Sie ganz allgemein darüber nachdenken, welche positive Absicht ein Mensch mit einem solchen Verhalten verfolgen könnte?
> 3. Welche der positiven Absichten trifft für Ihr persönliches Verhalten zu?
> 4. Überlegen Sie, ob Sie bereit sind, diese positive/n Absicht(en) mit einem neuen Verhalten zu erreichen.
> 5. Durch welche Verhaltensweisen könnte Ihre positive Absicht ebenso gesichert werden? Gibt es eventuell noch andere Verhaltensweisen, mit denen Sie die positive Absicht auch erreichen könnten?
> 6. Gibt es Einwände gegen die neuen Verhaltensweisen? Wenn ja, bitte suchen Sie nach besseren Alternativen, um Ihre positive Absicht zu sichern.
> 7. Wann könnten Sie diese Verhaltensweise das nächste Mal ausprobieren und überprüfen?

Grundsätzlich sei in Bezug auf die Veränderung von Verhaltensweisen darauf verwiesen, dass in der Regel der Vorsatz, etwas zu unterlassen, schwerer umzusetzen ist als eine minimale Verhaltensweise hinzuzufügen, um neues Verhalten zu ermöglichen. In der Praxis ist das dann der Vorsatz einer minimalen zusätzlichen Geste in der spezifischen Situation (z. B. das Handy von einer Hand in die andere zu legen, in die Hosentasche zu greifen und eine Münze zu berühren), um das Muster zu unterbrechen und Neues zu ermöglichen. Besteht z. B. eine Tendenz, bei pauschalen Vorwürfen sofort in eine Rechtfertigungshaltung zu verfallen, könnte eine solche minimale Geste dabei hilfreich sein, neue Verhaltensweisen leichter zu etablieren, z. B. eine substanziierende Rückfrage zu stellen. Es ist im Allgemeinen egal, welche minimale Geste getätigt wird, solange es eine minimale zusätzliche, in der jeweiligen Situation machbare Handlung ist. Grundlegend können für die Musterunterbrechung auch zwei zentrale Prinzipien der lösungsfokussierten Beratung rekrutiert werden, die da lauten: „Wenn etwas funktioniert, mach mehr davon. Wenn etwas nicht funktioniert, mach etwas anderes" (Pichot 2012, S. 95 f.; vgl. Dolan 2010).

Falls es sich um stark eingefahrene Muster bzw. Verhaltensweisen handelt, die mit einer spezifischen inneren Haltung verbunden sind, kann es hilfreich sein, eine Übung durchzuführen, die nachhaltig neue Muster des Denkens, Fühlens und Handelns etabliert. Gerade bei Mobbing gibt es eine Vielzahl von Stationen, bei denen es wichtig ist, sich vorzubereiten und eine optimal gestärkte Position in der Situation zu haben.

Es sei an dieser Stelle erwähnt, dass die Embodiment-Forschung deutlich aufzeigt, dass durch physiologische Veränderungen psychische Prozesse maßgeblich leichter willentlich gesteuert werden können (Storch et al. 2010). Schon allein das Einnehmen einer offenen Haltung gegenüber einer geschlossenen Haltung über einen kurzen Zeitraum hat einen Einfluss auf die psychische Kondition. „Highpower posers experienced elevations in testosterone, decreases in cortisol, and increased feelings of power and tolerance for risk; low-power posers exhibited the opposite pattern" (Vgl. Dana 2010, S. 1). Für die Veränderung von eingefahrenen Mustern bzw. Verhaltensweisen hat sich die Problem-/Lösungsskulptur (vgl. Schmidt 2005; vgl. Kolodej 2016) bewährt.

> **Übung: Ungewünschte Verhaltensmuster und Einstellungen verändern (Gunther Schmidt)**
>
> 1. Überlegen Sie sich ein für Sie unerwünschtes Verhalten oder eine innere Einstellung, die Sie verändern wollen.
> 2. Stellen Sie die Situation in Form einer Körperskulptur dar. Sie sind nun ArchitektIn und Material dieser Skulptur zugleich. Orientieren Sie sich bitte dabei an nachfolgenden Kategorien: Körperhaltung, spezifische Gesten, Mimik, Stimmlage, Gefühle, subjektiv erlebte Größe und Alter, (Glaubens-)Satz, innere Bilder, Blickfeld, Nähe vs. Distanz zum Problem bzw. zum/zur KonfliktpartnerIn in der spezifischen Situation, in der Sie das für Sie unerwünschte Verhalten zeigen. Sie können die Skulptur auch überzeichnet darstellen, um Unterschiede deutlicher wahrzunehmen (vgl. Abb. 5.5).

3. Wenn die Skulptur ganz stimmig ist und Sie in der jeweiligen Situation mit dem unerwünschten Verhalten bzw. der Einstellung verkörpert, lösen Sie die Skulptur wieder auf und nehmen Sie einen neuen Platz ein.
4. Nun modellieren Sie bitte eine Skulptur, in der Sie mit der gegebenen Situation bestmöglich umgehen können (Lösungsskulptur). Sie können diese gerne etwas überzeichnen. Verwenden Sie bitte wieder die oben genannten Kategorien (Körperhaltung, spezifische Gesten, Mimik, Stimmlage, Gefühle, subjektiv erlebte Größe und Alter usw.) zur Orientierung.
5. Wenn die Skulptur ganz Ihre gewünschte Lösung verkörpert, verlassen Sie die Skulptur wieder und nehmen Sie einen neuen Platz ein.
6. Begeben Sie sich nun wieder in die Problemskulptur, halten Sie diese für einen Moment und verändern Sie diese ganz langsam in die Lösungsskulptur.
7. Wiederholen Sie diesen Vorgang von der Problem- zur Lösungsskulptur mehrmals und achten Sie darauf, welche kleine Körperbewegung Sie am deutlichsten in die Lösungsskulptur bringt (z. B. ein Atemzug, Veränderung der Schultern, eine kleine Handbewegung usw.).
8. Üben Sie den Wechsel von der Problem- zur Lösungsskulptur in den nächsten Wochen täglich. Wenn Sie dies tun, können Sie dann mit der minimalen Körperbewegung, ohne die gesamte Skulptur ausführen zu müssen, in der aufkommenden schwierigen Situation das neue erwünschte Verhalten bzw. die neue Einstellung spontan und unverzüglich bei sich hervorrufen.

Abb. 5.5 Ungewünschte Verhaltensmuster und Einstellungen verändern. (Eigene Darstellung)

Die minimalen Bewegungen, die von der Problemskulptur in die Lösungsskulptur führen, werden in der Psychologie als ideomotorische Gesten bezeichnet. Unter Ideomotorik versteht man die „Gesamtheit der Bewegungen und Handlungen, die ohne Mitwirkung des Willens, unwillkürlich ausgeführt werden" (Duden 2014). Ideomotorische Gesten sind meist unbewusst und werden in der vorliegenden Übung bewusst eingesetzt, um Verhaltens- und Haltungsänderungen in schwierigen Situationen schnell zu ermöglichen. „Diese minimalen Gesten, die in der Lösungsskulptur bewusst gemacht werden, sind dann körperliche Erinnerungsmarker für die neu gewählte innere Haltung in der Konfliktsituation" (Kolodej 2016, S. 122). Zudem kann die ideomotorische Geste exzellent in den Alltag integriert werden, ohne dass dies von den anderen bemerkt wird. Eine kleine Geste lässt die innere neue Haltung, die neuen Verhaltensweisen etablieren. Der Wechsel zwischen Problem- und Lösungshaltung sollte über mehrere Wochen geübt werden, dann ist es möglich, nur mit der ideomotorischen Geste die gesamte Palette der Empfindungen unmittelbar in schwierigen Situationen zur Verfügung zu haben. Wann immer die problematische Situation und das damit verbundene Verhalten auftauchen, kann durch die willentlich ausgeführte Lösungsgestik neues Verhalten erprobt werden. Individuell problematisches Verhalten oder innere Einstellungen werden so zum Erinnerungsanker für neue Lösungsmöglichkeiten.

5.9   Was kann ich tun, um eine andere Perspektive einzunehmen?

Dem Aspekt des Perspektivenwechsels kommt bei Konflikten eine ganz entscheidende Rolle zu, denn im „Perspektivenwechsel liegen die Chancen der Veränderung" (Kolodej 2005, S. 16). Es gibt eine Vielzahl von Möglichkeiten, die eigene Perspektive zu erweitern, um Abstand vom Geschehen zu erwirken, oder, wie dies in der Psychologie genannt wird, eine Metaperspektive einzunehmen. Das ist wichtig, um mit eigenen, oft aufgewühlten Emotionen umgehen zu können, bessere strategische Planungen vornehmen zu können oder einfach mehr individuelle Ruhe zu gewinnen.

Letztendlich kann der Perspektivenwechsel über mehrere Dimensionen erfolgen, z. B. zeitlich, örtlich oder personell. Die Relevanz der Situation kann mittels der zeitlichen Perspektive vergegenwärtigt werden, z. B. mittels der Frage: „Ist die Situation in 10 Jahren noch wichtig?" oder „Wie werde ich die Situation in 10 Jahren rückwirkend beurteilen?"

Die räumliche Perspektive lässt sich am leichtesten durch eine räumliche Veränderung herstellen, indem ein (Kurz-)Urlaub gemacht wird, um Distanz zum Geschehen herzustellen. Ist dies nicht möglich, kann auch eine imaginäre Übung helfen, diese Perspektive einzunehmen.

Übung: Erfahrung einer örtlichen Metaperspektive etablieren (Christa Kolodej)

1. Suchen Sie sich für diese Übung eine Konfliktsituation, bei der Sie im mittleren Bereich emotional involviert sind.
2. Schließen Sie die Augen und imaginieren Sie diese spezielle Situation noch einmal, indem Sie die Situation visuell, akustisch und kinästhetisch wahrnehmen, z. B.: Was sehen Sie in der Situation? Wer ist anwesend? Wo befinden Sie sich? Was hören Sie? Wer sagt was? Was fühlen Sie in der Situation? Usw.
3. Wenn Sie sich die Situation mit allen Sinnen wieder ganz vergegenwärtigt haben, öffnen Sie bitte Ihre Augen und atmen Sie gut durch.
4. Schätzen Sie die emotionelle Belastung in der Situation auf einer Skala von 10 (stark belastend) bis 0 (keine Belastung) ein.
5. Schließen Sie die Augen noch einmal. Nun imaginieren Sie die Situation noch einmal, aber versuchen Sie dies aus einer Außenperspektive. Stellen Sie sich z. B. einen Berg vor, von dem Sie in guter Distanz die Situation überblicken, oder imaginieren Sie ein Flugobjekt, mit dem Sie hoch aufsteigen, sodass Sie die Situation aus einer guten Distanz wahrnehmen können.
6. Betrachten Sie nun wieder dieselbe Situation aus der Distanz. Was sehen Sie? Wie sehen Sie sich? Wie agieren Sie im Zusammenspiel mit anderen? Welche Reaktionen löst Ihr Verhalten bei sich und anderen aus? Wie sehen Sie den Konflikt aus dieser Distanz? Wie geht es Ihnen emotional? Usw.
7. Wenn Sie die Situation aus dieser Metaperspektive ganz vergegenwärtigt haben, öffnen Sie bitte Ihre Augen und atmen Sie gut durch.
8. Schätzen Sie nun diese Situation auf derselben Skala (10 – stark belastet bis 0 – keine Belastung) ein.
9. Welche Unterschiede haben sich ergeben?

Um die personelle Perspektive einzubeziehen, kann ein offenes Gespräch mit der Konfliktpartei hilfreich sein. Ist dies nicht möglich oder gewünscht, können Sie sich fragen, wie andere ProtagonistInnen den Konflikt beschreiben würden. Angenommen Sie versetzen sich in die Rolle Ihres/r Gegenspielers/in, wie würde er/sie die Situation beschreiben? Was sind seine/ihre Motive? Welche Interessen und

Bedürfnisse sucht er/sie, durch den Konflikt zu realisieren? Usw. Sehr effizient ist es für alle relevanten am Konflikt beteiligten Personen, kleine Positions- und Interessenpapiere zu verschriftlichen. Den personalen Perspektivenwechsel können Sie auch durch eine Symbolisierungsübung umsetzen, indem Sie für alle ProtagonistInnen des Konflikts Symbole wählen, welche Sie mit einem Blickrichtungspfeil versehen, und diese in dem Verhältnis zueinander aufstellen, wie dies gerade Ihrem inneren Bild entspricht. Indem Sie dann mit dem Ringfinger ein Symbol berühren, können Sie die jeweiligen Perspektiven dieser ProtagonistInnen erkunden (vgl. Kolodej 2016). Diese Übung zeigt meist deutlich die systemischen Dimensionen eines Konflikts auf. Auch ist es möglich, für sich die unterschiedlichen Konfliktpositionen körperlich spürbar zu machen und so einen tieferen Einblick in die Dynamik des Konfliktgeschehens zu gewinnen. Diese Übung ist eine Abwandlung des Metamirrors (vgl. Dilts 1993). Hierfür werden drei Kärtchen gewählt, mit dem eigenen Namen, dem Namen des/der Konfliktgegners/in, deren/dessen Perspektive eingenommen werden soll, und ein drittes Kärtchen mit der Beschriftung „Neutrale/r BeobachterIn". Auf allen Kärtchen wird ein Pfeil eingezeichnet, der die Blickrichtung der Person anzeigt. Danach werden die Kärtchen auf den Boden gelegt, sodass alle Positionen eingenommen werden können. Interessant ist es auch, dabei auf körperliche Empfindungen zu achten, die oft in den verschiedenen Positionen sehr unterschiedlich sein können.

Übung: Wahrnehmung der Konfliktpositionen (Christa Kolodej)

1. Legen Sie die drei Kärtchen am Boden auf (Ich, Name des/der KonfliktgegnerIn, neutrale/r BeobachterIn.).
2. Nun gehen Sie zum ersten Kärtchen (Ich) und schildern Sie die Situation aus Ihrer eigenen Sicht.
   Was ist vorgefallen? Wie fühle ich mich? Welche Bedürfnisse habe ich? Was denke ich über mich? Was denke ich über den/die Anderen? Usw.
3. Jetzt gehen Sie zum zweiten Kärtchen und schildern die Situation aus der Sicht des/der Anderen.
   Was ist vorgefallen? Wie fühle ich mich? Welche Bedürfnisse habe ich? Was denke ich über mich? Was denke ich über den/die Anderen? Usw.
4. Dann gehen Sie zum dritten Kärtchen und erzählen, wie ein/e neutrale/r BeobachterIn die Situation sehen wird.
   Worum geht es beiden? Was passiert, wenn nichts passiert? Wo müssen Unterschiede anerkannt werden? Wo gibt es Gemeinsamkeiten? Welche Lösungen könnte es geben? Usw.
5. Falls zwischen den Positionen kein Blickkontakt besteht, stellen Sie diesen bitte her. Sie können dann einen weiteren Durchgang machen und die Veränderungen überprüfen.

5.10 Wie treffe ich nachhaltige Entscheidungen?

In Mobbingsituationen sind immer wieder Entscheidungen zu treffen, die oftmals mit großen Folgen verbunden sein können. Grundsätzlich ist bei Entscheidungssituationen darauf zu achten, vorab mögliche Auswirkungen einer etwaigen Entscheidung zu reflektieren. Dies ist nicht immer leicht, da gerade diese in Stresssituationen aus dem Blick geraten. Als Entscheidungshilfe hat sich die Methode des Tetralemmas bewährt (vgl. Varga von Kibéd und Sparrer 2003). „Als Grundkonzept dient eine Struktur aus der indischen Logik. Der entscheidende Paradigmenwechsel ist hierbei, dass das klassische Dilemma des Entweder-oder (im Tetralemma „das Eine" und „das Andere" genannt) zugunsten zweier weiterer Positionen, „Beides" und „Keines von Beidem" erweitert wird. Beides kann eine große Vielfalt an (übersehenen) Verbindungen implizieren, z.B. Kompromisse, zeitlich alternierende Lösungen, paradoxe Verbindungen, die Würdigung einer Alternative, um sich für die andere zu entscheiden, Haltungsänderungen usw." (vgl. Sparrer 2010). Gerade diese Position ist im Konflikt besonders bedeutend, da hier meist nur das Trennende gesehen wird.

„Keines von Beidem" verweist in der Regel auf ungesehene Alternativen. „Gibt es eine Alternative, die überhaupt nichts mit den bisher genannten Möglichkeiten zu tun hat?" Zudem kann diese Position auf den Konflikthintergrund eines Themas verweisen. „Gibt es noch ein anderes Thema, das die Entscheidung so schwierig hat werden lassen?" oder „Wenn es in dieser Fragestellung für Sie noch um ein ganz anderes Thema gehen würde, was wäre das?" (Kolodej 2016, 107). Es sei hier darauf verwiesen, dass sich das Tetralemma aus Überlegungen der Logik entwickelt hat und somit die gesamten Möglichkeiten, die in einer Entscheidungssituation wählbar sind, aufzeigt. Dies bedeutet jedoch, dass in Ihrer individuellen Entscheidungssituation nicht alle Positionen relevant sein müssen.

Übung: Unterstützung bei der Entscheidungsfindung (Insa Sparrer & Matthias Varga von Kibéd)

1. Überlegen Sie sich eine Entscheidungssituation und benennen Sie die beiden Pole. (Hier als „das Eine", die Situation, die Ihnen als Erstes eingefallen ist bzw. minimal näher ist, und die andere Alternative, hier als „das Andere" tituliert.)
2. Lassen Sie sich nun ganz auf „das Eine", jene Alternative, die Ihnen als Erstes eingefallen ist, ein und explorieren Sie diese ausführlich: Was ist

das Gute an der momentanen Situation? Was möchte ich unbedingt beibehalten? Welche anderen Aspekte sind hier wichtig? Was sind die Nachteile dieser Position? Welche Empfindungen verknüpfe ich mit dieser Position? Was ist sonst noch wichtig?

3. Gehen Sie dann über zu Ihrer Anderen Alternative. Explorieren Sie diese in gleicher Weise: Was reizt mich besonders an dem Anderen? Was möchte ich verändern? Wofür wäre es gut, das Andere zu wählen? Welche anderen Aspekte sind hier wichtig? Was sind die Nachteile des Anderen? Welche Empfindungen verknüpfe ich mit dieser Position? Was ist sonst noch wichtig?

4. Überlegen Sie nun, ob es Varianten einer Verbindung der beiden Alternativen geben könnte, und bedenken Sie, dass diese auch über einen Kompromiss hinausgehen können: Wie bringe ich die Vorteile des Bewahrenswerten in eine neue Entwicklung? Was muss von dem Einen/Anderen unbedingt dabei sein? Angenommen es gäbe eine gute Verbindung zwischen beiden Varianten, welche könnte es sein? Was ist sonst noch wichtig? Welche Empfindungen verknüpfe ich mit dieser Position? Was ist sonst noch wichtig?

5. Denken Sie jetzt darüber nach, ob es eine Alternative gibt, die Sie noch gar nicht bedacht haben Keines von Beidem: Was wäre etwas ganz Neues? Wenn ich vom Einen und vom Anderen loslasse, was wäre dann Neues möglich? Was wären die Vorteile dieser Alternative? Was wären die Nachteile dieser Alternative? Welche Empfindungen verknüpfe ich mit dieser Position?

6. Es kann auch sein, dass hinter dieser Entscheidungssituation ein relevantes anderes Thema steht, das für Sie in den Blick kommen kann: Angenommen es ginge gar nicht um diese Entscheidung, sondern um etwas ganz anderes, was könnte das sein? Wenn diese Frage für Sie gelöst wäre, was stünde dann an?

7. Zudem kann es wichtig sein, diese Entscheidungssituation aus einem ganz anderen Blickwinkel oder mit einer anderen Haltung zu betrachten. Wie werden Sie diese Situation an Ihrem 80. Geburtstag einschätzen, wenn Sie auf Ihr Leben zurückblicken? Welchen Ratschlag würden Sie sich rückwirkend geben?

Auch kann das Tetralemma als Übung für den Alltag eingesetzt werden. Hierfür werden die beiden Positionen, zwischen denen gerade eine Entscheidung getroffen werden soll, auf zwei getrennte Zettel geschrieben. Es können natürlich auch mehr als zwei Positionen benannt werden. Wichtig ist, dass jedoch nur jeweils

eine Option pro Zettel aufgeschrieben wird. Danach wird jeweils ein Zettel mit
der Beschriftung „Beides" (bzw. dem Rufnamen, den sie für diese Alternative
gefunden haben), einer mit „Keines von Beidem" (bzw. Rufnamen) und ein lee-
rer Zettel hinzugefügt. Jeden Abend vor dem Schlafengehen wird nun ein Zettel
gezogen und am nächsten Tag wird dann so getan, als ob die Person sich für die
gezogene Alternative entschieden hätte. Falls der leere Zettel gezogen wird, kann
die Person tun, was sie immer tut oder wozu sie eben gerade Lust hat. Der gezogene Zettel wird erst beim nächsten Durchgang wieder als Option „in den Topf"
hinzugefügt, sodass alle Optionen einmal durchgeführt werden und erst dann ein
neuer Durchgang gestartet wird. Am nächsten Abend wird ein neuer Zettel aus
den verbliebenen Optionen gezogen und wieder so getan, als ob die Entscheidung für diese Option bereits gefallen wäre. Hilfreich ist es, sich jeden Abend
ein paar Bemerkungen bezüglich des Tages, der Empfindungen und Gedanken
aufzuschreiben. Wenn alle fünf Positionen experimentell ausgeführt wurden, kann
wieder ein neuer Durchgang starten, in dem wiederum aus allen Optionen gezogen wird. Erfahrungsgemäß benötigt die Mehrheit der Personen drei bis maximal
vier Durchgänge, bis sie das Gefühl hat, eine stimmige Entscheidung treffen zu
können. Dies ist meist der Fall, da die Übung nicht nur den intellektuellen Abwä-
gungen Raum gibt, sondern auch unbewusste Aspekte einbezogen werden. Oft
kommt es durch diese Übung zu ganz neuen Alternativen.

Übung: Transferübung Entscheidungsfindung (Christa Kolodej)

1. Schreiben Sie bitte je einen Zettel mit den beiden Positionen, zwischen
   denen Sie sich gerade entscheiden wollen. Fügen Sie nun jeweils einen
   Zettel mit der Beschriftung „Beides", einen mit „Keines von Beidem" und
   einen leeren Zettel hinzu. Falls Sie bereits konkrete Varianten für „Beides"
   und „Keines von Beidem" haben, nennen Sie diese bitte mit einem Rufnamen.

2. Jeden Abend vor dem Schlafengehen ziehen Sie bitte einen Zettel und am
   nächsten Tag tun Sie so, als ob Sie sich für die gezogene Alternative entschieden hätten. Falls Sie den leeren Zettel ziehen, tun Sie, wozu Sie Lust
   haben. Der gezogene Zettel wird erst beim nächsten Durchgang wieder
   als Option „in den Topf" hinzugefügt. Notieren Sie sich stichwortartig am
   Abend Ihre Erfahrungen des Tages.

3. Am nächsten Abend ziehen Sie einen neuen Zettel aus den verbliebenen
   Optionen und tun wieder am nächsten Tag, als ob Sie sich für diese Variante entschieden hätten.

4. Wenn alle fünf Positionen ausgeführt wurden, kann wieder ein neuer
   Durchgang starten, indem Sie wiederum aus allen Zetteln ziehen.

Zusammenfassung 6

Mobbing stellt eine extreme Herausforderung für die Betroffenen dar. Schon alleine darum ist es wichtig, sich früh zu stärken, für Entspannung zu sorgen und Methoden zu finden, die helfen die je individuelle Fragestellung zu klären oder nachhaltige Entscheidungen zu treffen. Selbsthilfe schließt die Unterstützung durch PsychologInnen, MobbingberaterInnen und andere helfende Berufe natürlich nicht aus, sondern kann vielmehr ein zusätzlicher wesentlicher Baustein im Umgang mit Mobbing sein. Letztendlich bedeutet psychisch gesund zu sein auch, handlungsfähig zu bleiben, gerade in schwierigen Situationen. Das ist nicht immer leicht, zielt doch Mobbing darauf ab, Menschen in die Opferrolle zu drängen. Deshalb ist es wichtig, auch selbst so früh wie möglich entgegenzusteuern.

Das vorliegende Buch zeigt unterschiedliche Bereiche der psychologischen Selbsthilfe auf, in denen Betroffene selbst aktiv bleiben können, um bestmöglich Mobbing entgegenzutreten. Es ist wichtig, auf die psychische und physische Gesundheit zu achten, um den fortwährenden Attacken standzuhalten und die Kraft zur Gegenwehr zu behalten oder neu zu entwickeln. Entspannungstechniken, Stärkungs- und Entlastungsrituale, Möglichkeiten, Belastungen loszulassen, eine positive Grundeinstellung zu stärken, strategisches Vorgehen zu planen, Unverständliches verstehbar zu machen oder auch Methoden zur Entscheidungshilfe können diesen Prozess unterstützen. Aber auch Techniken wie z. B. Kommunikationsformen für schwierige Gespräche, Analysetechniken, das Reflektieren des eigenen Verhaltens oder das Herstellen eines Perspektivenwechsels können hilfreiche Techniken der vorausschauenden Prävention sein.

Es ist nicht immer möglich, Mobbing gänzlich zu vermeiden, sind die Prozesse doch oft so subtil, dass sie schwer sofort erkannt werden können. Mobbingbetroffene können nicht immer verhindern, dass sie in die Opferrolle gedrängt werden, ob sie diese annehmen, entscheiden sie jedoch selbst!

© Springer Fachmedien Wiesbaden GmbH 2018
C. Kolodej, *Psychologische Selbsthilfe bei Mobbing,* essentials,
https://doi.org/10.1007/978-3-658-19941-8_6

Was Sie aus diesem *essential* mitnehmen können

- Wissen, was Mobbing ist und welche Folgen Mobbing hat
- Eine Selbsteinschätzung, ob sie von Mobbing betroffen sind
- Psychologisch mobbingrelevante Theorien und Methoden
- Unterstützung bei dem Erhalt ihrer Gesundheit
- Einschätzung ihrer aktuellen Ressourcenlage und Methoden zur Selbststärkung
- Tipps gegen Mobbing
- Praktische Übungen zum Thema, die leicht in den Alltag integriert werden können
- Erhalt der Handlungsfähigkeit bei Mobbing

© Springer Fachmedien Wiesbaden GmbH 2018   53
C. Kolodej, *Psychologische Selbsthilfe bei Mobbing*, essentials,
https://doi.org/10.1007/978-3-658-19941-8

Literatur

Burtscher, K. & Pusnik, G. (2003). *Mobbing in Vorarlberg. Ursachen, Auswirkungen und vorhandene Hilfestellungen für Betroffene.* Auftrag des Beschäftigungspaktes Vorarlberg, Wolfern.

Carlitscheck, A., Müller, S.-D., & Carlitschek, M. (2009). *Entspannung: So genießen Sie jeden Tag.* Hannover: Schlütersche.

Carney, D. R., Cuddy, A., & Yap, A. J. (2010). Power posing: Brief nonverbal displays affect neuroendocrine levels and risk tolerance. Psychological science. http://www.people.hbs.edu/acuddy/in%20press,%20carney,%20cuddy,%20&%20yap,%20psych%20science.pdf. Zugegriffen: 15. Sept. 2017.

De Shazer, S. (2006). *Wege der erfolgreichen Kurztherapie* (7. Aufl.). Stuttgart: Klett-Cotta.

Dilts, R. B. (1993). *Die Veränderung von Glaubenssystemen.* Paderborn: Junfermann.

Dolan, Y. (1991). *Resolving sexual abuse: Solution-focused therapy and Ericksonian hypnosis for adult survivors.* New York: Norton & Company.

Dolan, Y. (2010). *Lösungsfokussierte Live-Interviews (DVD).* Aachen: Ferrari Media.

Duden. (2014). *Duden – Die deutsche Rechtschreibung: Das umfassende Standardwerk auf der Grundlage der aktuellen amtlichen Regeln.* Mannheim: Duden.

Einarsen, S., & Nielsen, M. B. (2015). Workplace bullying as an antecedent of mental health problems: A five-year prospective and representative study. *International Archives of Occupational and Environmental Health, 88*(2), 131–142.

Erickson, M. (1977). Milton – Erickson live (DVD). http://www.harmonybalance.de.

Esser, A., & Wolmerath, M. (2005). *Mobbing. Der Ratgeber für Betroffene und ihre Interessenvertretung.* Wien: ÖGB.

Falle F. (2016). Maßnahmen zur Förderung von individueller Resilienz gegenüber Mobbing unter Pflegekräften. Eine Analyse basierend auf bisheriger Literatur. https://online.medunigraz.at/mug_online/wbAbs.showThesis?pThesisNr=52014&pOrgNr=1. Zugegriffen: 15. Sept. 2017.

Fleming, A. W. (2006). Positive psychology „three good things in life" and measuring happiness, positive and negative affectivity, optimism/hope, and well-being. State University of New York College at Brockport. http://digitalcommons.brockport.edu/cgi/viewcontent.cgi?article=1031&context=edc_theses. Zugegriffen: 15. Sept. 2017.

© Springer Fachmedien Wiesbaden GmbH 2018
C. Kolodej, *Psychologische Selbsthilfe bei Mobbing,* essentials,
https://doi.org/10.1007/978-3-658-19941-8

Fydrich, T., Sommer, G., Tydecks, S., & Brähler, E. (2009). Fragebogen zur sozialen Unterstützung (F-SozU): Normierung der Kurzform (K-14). *Zeitschrift für Medizinische Psychologie, 18,* 43–48.

Hansen, Å. M., Hogh, A., Persson, R., Karlson, B., Garde, A. H., & Ørbæk, P. (2006). Bullying at work, health outcomes, and physiological stress response. *Journal of Psychosomatic Research, 60*(1), 63–72.

Hargens, J. (2011). *Gut eingestimmt? Zum Umgang mit Stimmungslagen.* Dortmund: Borgmann.

Hofmann, E. (2012). *Progressive Muskelentspannung: Ein Trainingsprogramm* (3. Aufl.). Göttingen: Hogrefe.

Isebaert, L. (2009). *Kurzzeittherapie – Ein praktisches Handbuch: Die gesundheitsorientierte kognitive Therapie.* Stuttgart: Georg Thieme.

Jacobson, J. (1990). *Entspannung als Therapie. Progressive Relaxation in Theorie und Praxis* (7. Aufl.). Stuttgart: Klett-Cotta.

Klauer T. (2009). Soziale Unterstützung. In J. Bengl & M. Jerusalem (Hrsg.), *Handbuch der Gesundheitspsychologie und Medizinischen Psychologie* (S. 80–85). Göttingen: Hogrefe.

Kolodej, C. (2005). *Mobbing, Psychoterror am Arbeitsplatz und seine Bewältigung. Mit zahlreichen Fallbeispielen* (überarbeitete Neu Aufl.). Wien: WUV.

Kolodej, C. (2008). *Mobbingberatung. Fallbeispiele und Lösungen für BeraterInnen und Betroffene.* Wien: WUV.

Kolodej, C. (2012). Die drei Bausteine zur nachhaltigen Prävention von Mobbing. *Forum Nachhaltiges Wirtschaften, 2,* 51–52 (ALTOP Verlags- und Vertriebsgesellschaft).

Kolodej, C. (2016). *Strukturaufstellungen für Konflikte, Mobbing und Mediation. Vom sichtbaren Unsichtbaren.* Wiesbaden: Springer Gabler.

Kolodej, C., Niederkofler, E., & Kallus, K. W. (2017). Der Fast and Frugal Tree-Fragebogen für Mobbing (FFTM), *Psychologie des Alltagshandelns* (submitted).

Kolodej, C., Reiter, M., & Kallus, W. (2013). Inventar zur Erhebung resilienten Verhaltens im Arbeitskontext (REVERA). *Zeitschrift für Wirtschaftspsychologie, 15,* 16–25.

Krappmann, L. (2005). *Soziologische Dimensionen der Identität: Strukturelle Bedingungen für die Teilnahme an Interaktionsprozessen* (10. Aufl.). Stuttgart: Klett-Cotta.

Laireiter, A.-R., Spitzbart, K., & Raabe, L. (2012). Glückstagebücher als Methoden gesundheitspsychologischer Intervention – Zwei Pilotstudien. *Empirische Pädagogik, 26*(2), 312–332.

Lenz, C. (2016). Leadership 4.0. In S. Ferz & H. Salicites (Hrsg.), *Mediation in Betrieben. Konfliktmanagement und Organisationsentwicklung im Arbeitsalltag* (Bd. 3, S. 189–198). Wien: Verlag Österreich.

Leppert, K., & Strauß, B. (2011). Die Rolle von Resilienz für die Bewältigung von Belastungen im Kontext von Altersübergängen. *Zeitschrift für Gerontologie und Geriatrie, 44*(5), 313–317.

Luhmann, N. (1968). *Zweckbegriff und Systemrationalität. Über die Funktion von Zweck in sozialen Systemen.* Tübingen: Mohr.

Meschkutat, B., Stackelbeck, M., & Langenhoff, G. (2005). *Der Mobbing-Report. Eine Repräsentativstudie für die Bundesrepublik Deutschland* (Schriftenreihe der Bundesanstalt für Arbeitsschutz und Arbeitsmedizin Forschung Arbeitsschutz, Bd. 951, 6. Aufl.). Bremerhaven: Wirtschaftsverl. NW Verlag für neue Wissenschaft.

Mohl, A. (2006). *Der Meisterschüler. Der Zauberlehrling II. Das NLP Lern- und Übungs-buch.* Paderborn: Jungfermann.

Niederkofler E. (2017). Untersuchung der Auswirkungen von Mobbing auf die Produk-tivität und Leistung der ArbeitnehmerInnen sowie Validierung eines Screening-Instru-ments. Masterarbeit, Karl-Franzens-Universität Graz.

O'Hanlon, B. (2000). *Do one thing different.* New York: Harper.

Ozbay, F., Johnson, D. C., Dimoulas, E., Morgan, C. A, Charney, D. and Southwick, S. (2007). Social support and resilience to stress: From neurobiology to clinical practice. *Psychiatry (Edgmont), 4*(5): 35-40.

Peichl, J. (2015). *Innere Kinder, Täter, Helfer & Co: Ego-State-Therapie des traumatisier-ten Selbst.* Stuttgart: Klett-Cotta.

Petzold H. G. (2004). *Integrative Therapie.* 3 Bände (2. Aufl.). Paderborn: Junfermann.

Pichot, T. (2012). *Animal-assisted brief therapy: A solution-focused approach.* New York: Routledge.

Reddemann, L. (2011). *Vom heilsamen Umgang mit negativen inneren Stimmen. Unveröf-fentlichte Seminarunterlagen.* Wien: Christa Kolodej Consulting.

Reddemann, L. (2014). *Psychodynamisch Imaginative Traumatherapie: PITT ®– Das Manual. Ein resilienzorientierter Ansatz in der Psychotraumatologie.* Stuttgart: Klett-Cotta.

Rosenberg, M. R. (2012). *Gewaltfreie Kommunikation: Aufrichtig und einfühlsam mitein-ander sprechen.* Paderborn: Junfermann.

Schmidt, G. (2005). *Einführung in die hypnosystemische Therapie und Beratung.* Heidel-berg: Carl Auer.

Seligman, M. E. P., Steen, T. A., Park, N., & Peterson, C. (2005). Positive psychology pro-gress: Empirical validation of interventions. *American Psychologist, 60,* 410–421.

Smutny, P., & Hopf, H. (2003). Mobbing – auf dem Weg zum Rechtsbegriff? Eine Bestandsaufnahme. *Das Recht der Arbeit, 2,* 110–123.

Sparrer, I. (2010). *Einführung in Lösungsfokussierung und Systemische Strukturaufstellun-gen* (2. Aufl.). Heidelberg: Carl Auer.

Storch, M., Cantieni, B., Hüther, G., & Tschacher, W. (2010). *Embodiment. Die Wechsel-wirkung von Körper und Psyche verstehen und nutzen* (2. Aufl.). Bern: Huber.

Trenkle, B. (2009). Hypnose und Selbsthypnose bei Ängsten und Phobien. *Auditorium Netzwerk.*

Varga von Kibed, M., & Sparrer, I. (2003). *Ganz im Gegenteil.* Heidelberg: Carl Auer.

Verkuil, B., Atasayi, S., & Molendijk, M. L. (2015). Workplace bullying and mental health: A metaanalysis on cross-sectional and longitudinal data. *PLoS ONE, 10*(8), e0135225. http://journals.plos.org/plosone/article?id=10.1371/journal.pone.0135225. Zugegriffen: 9. Juli 2017.

Werner, E. (1989). Sozialisation: Die Kinder von Kauai. *Spektrum der Wissenschaft, 6,* 118–123.

Werner, E., & Beilin, H. (1959). Differences between well and poorly adjusted young adults based upon psychologists' ratings and subjects' self-ratings. *Journal of General Psychology, 60,* 45–55.

Werner, E., & Ruth, S. (1977). *Kauai's children come of age.* Honolulu: University of Hawaii Press.

Werner, E. E. (2005). *Resilienz – Gedeihen trotz widriger Umstände* Internationaler Kongress vom 09.–12.02.05, Eidgenössische Technische Hochschule Zürich (ETH).

Zeig, K. J. (2011). *Unveröffentlichte Seminarunterlagen des Seminars „Hypnose in der Therapie"*. Graz: Akademie Kind Jugend Familie.

Zeig, K. J. (2017). 5 minute therapy tips – Episode 02: Grief. https://www.youtube.com/watch?list=PLqtdzIH7yh3jQZXUTXIms3mlXsFM3qEg&v=x1xVwn04dkg. Zugegriffen: 9. Juli 2017.

Printed in the United States
By Bookmasters